# 财政与税收的基本理论与实践研究

陈忠杰 ◎著

## 图书在版编目（CIP）数据

财政与税收的基本理论与实践研究 / 陈忠杰著. --北京：中国商务出版社，2022.9
ISBN 978-7-5103-4441-1

Ⅰ．①财… Ⅱ．①陈… Ⅲ．①财政理－研究－中国②税收管理－研究－中国 Ⅳ．①F812

中国版本图书馆CIP数据核字(2022)第176529号

### 财政与税收的基本理论与实践研究
CAIZHENG YU SHUISHOU DE JIBEN LILUN YU SHIJIAN YANJIU

陈忠杰　著

| | |
|---|---|
| 出　　版： | 中国商务出版社 |
| 地　　址： | 北京市东城区安外东后巷28号　　邮　编：100710 |
| 责任部门： | 外语事业部（010-64283818） |
| 责任编辑： | 李自满 |
| 直销客服： | 010-64283818 |
| 总 发 行： | 中国商务出版社发行部　（010-64208388　64515150） |
| 网购零售： | 中国商务出版社淘宝店　（010-64286917） |
| 网　　址： | http://www.cctpress.com |
| 网　　店： | https://shop162373850.taobao.com |
| 邮　　箱： | 347675974@qq.com |
| 印　　刷： | 北京四海锦诚印刷技术有限公司 |
| 开　　本： | 787毫米×1092毫米　1/16 |
| 印　　张：12 | 字　数：248千字 |
| 版　　次：2023年5月第1版 | 印　次：2023年5月第1次印刷 |
| 书　　号： | ISBN 978-7-5103-4441-1 |
| 定　　价：70.00元 | |

凡所购本版图书如有印装质量问题，请与本社印制部联系（电话：010-64248236）

版权所有　盗版必究　（盗版侵权举报可发邮件到本社邮箱：cctp@cctpress.com）

# 前　言

财政与税收既是国计民生的命脉，也是确保国家机器正常运行的基本保障。财政政策体现了国家发展的主导性，财政税收既关系到国家长远的发展，也关系到改善民生大计。财政与税收对社会资源配置、收入分配、企业经济活动、居民切身利益及政府决策行为具有重大影响，并在经济、医疗、教育、社保、环保、惠及民生、促进就业、构建和谐社会等各方面发挥着越来越重要的积极作用。

目前我国正处于经济和社会转型时期，随着国家经济转轨，产业结构调整，涌现出电子商务、演艺等一大批新兴服务和文化创意产业；随着国家"一带一路、互联互通"倡议的快速推进，随着我国政府发出"大众创业、万众创新"的号召，出现了许多新的经济现象。当前，加强财政税收理论知识的学习与应用已成为各级财政和各类企业经营管理者的共识。

基于此，本书就财政与税收的基本理论与实践展开全面论述。从财政、税收的基本理论知识入手，对财政支出与财政收入、政府预算与财政政策、税收制度与商品课税、财产资源和行为税、互联网时代企业财税管理等方面展开详细叙述，在编写上突出以下特点：第一，内容丰富、详尽，时代性强。第二，理论与实践结合紧密，结构严谨，条理清晰，重点突出，具有较强的科学性、系统性和指导性。第三，结构编排新颖，表现形式多样。在结构上编排新颖，生动形象，便于读者理解掌握，是一本为从事财政与税收专业的工作者以及学者量身定做的参考用书。

在本书的撰写过程中，参阅、借鉴和引用了国内外许多同行的观点和成果。各位同人的研究奠定了本书的学术基础，对财政与税收的基本理论与实践研究的展开提供了理论基础，在此一并感谢。另外，受水平和时间所限，书中难免有疏漏和不当之处，敬请读者批评指正。

# 目 录

## 第一章 财政的基本概念 ... 1
第一节 财政概念 ... 1
第二节 市场、政府与财政 ... 8
第三节 财政的职能 ... 15
第四节 公共财政的基本特征 ... 20

## 第二章 财政支出与财政收入 ... 27
第一节 财政支出及财政收入概念 ... 27
第二节 购买性及转移性支出 ... 39
第三节 财政收入规模及结构 ... 54

## 第三章 政府预算与财政政策 ... 61
第一节 政府预算 ... 61
第二节 财政政策 ... 79

## 第四章 税收基本理论 ... 87
第一节 税收的概念与原则 ... 87
第二节 税法与税制 ... 90
第三节 税收负担与国际税收 ... 94

## 第五章 税收制度与商品课税 ... 101
第一节 税收制度 ... 101
第二节 税收管理制度 ... 105
第三节 商品课税 ... 110

## 第六章 所得课税 ... 125
第一节 所得税概述 ... 125
第二节 企业所得税 ... 130
第三节 个人所得税 ... 135
第四节 土地增值税 ... 139

· 1 ·

## 第七章　财产资源和行为税 ································· 141

　　第一节　财产税 ································· 141
　　第二节　资源税 ································· 146
　　第三节　行为税 ································· 155

## 第八章　基于"互联网+"企业财税管理 ·················· 161

　　第一节　"互联网+"企业财税管理的变革 ············· 161
　　第二节　"互联网+"企业财税管理方法 ··············· 165
　　第三节　"互联网+"企业财税管理的内外部互联 ········ 170
　　第四节　"互联网+"企业财税共享模式 ··············· 174
　　第五节　"互联网+"企业财税管理的政策建议 ·········· 178

**参考文献** ·········································· 183

# 第一章 财政的基本概念

## 第一节 财政概念

### 一、财政的产生与发展

#### （一）财政的产生

财政是个分配问题，属于经济范畴。同时，它又是一个历史范畴。它作为国家作用于经济的产物，是人类社会发展到一定历史阶段的产物。财政的产生必须具备两个最基本的条件：一个是经济条件，另一个是政治条件。

1. 经济条件

在生产力极其低下的原始公社时期，人们共同参加劳动，共同占用生产资料，劳动产品在成员之间平均分配，以维持成员最低限度的生活需要。这个时期没有剩余产品，不存在社会公共需要，很明显也不会产生私有制，也就没有产生阶级的基础，更不会产生国家，没有国家也就不会出现依靠国家的政治权力而参加社会产品的财政分配活动。

在原始社会末期，随着社会分工的出现，社会生产力有了很大发展，出现了剩余产品，相应产生了必须由剩余产品予以满足的社会共同需要。所以说，社会生产力的发展和剩余产品的出现是财政产生的首要条件。

2. 政治条件

随着生产力的发展，出现了私有制，人类社会分裂为奴隶和奴隶主两个根本对立的阶级。由于两个阶级之间经济利益不可调和，客观上需要一种日益同社会脱离又凌驾于社会之上的政治力量，把阶级冲突保持在"秩序"许可的范围以内，这个力量就是国家。国家权力一经产生，便不仅行使阶级统治的职能，同时也行使有关的社会职能，满足某些社会公共需要，如文化教育、公共工程及社会公共设施等。

国家是从社会产生，但又居于社会之上，并且日益同社会脱离的力量，这个庞然大物要行使它的权力，实现其职能，就需要消费相当数量的物质资料。而国家本身并不是创造社会财富的生产组织，不能为自身提供任何物质资料，它所需要消费的物质资料就只能依靠国家的权力，采取强制无偿的手段将物质领域生产的一部分物质产品转化为国家所有，以满足国家实现其职能的需要。与此同时，社会生产力的发展也提供了满足这种需要的剩余产品。这样，就在整个社会产品分配中，出现了以国家为主体的依靠权力进行的分配现象，即财政分配。

综上所述，对财政产生的条件可以归纳为：生产力的发展和剩余产品的出现为财政产生提供了物质条件，使财政的产生成为可能；社会生产力发展到一定水平，剩余产品的规模达到相当程度后，公共权力——国家的产生，为财政产生奠定了政治基础。

## （二）财政的发展

随着生产力的不断发展和生产关系的不断变更，人类社会先后经历了奴隶制社会、封建制社会、资本主义社会和社会主义社会的发展变化过程。与历史类型国家的发展、更迭相适应，财政也经历了奴隶制国家财政、封建制国家财政、资本主义国家财政和社会主义国家财政的发展变化过程。

### 1.奴隶制国家财政

奴隶制国家财政是建立在奴隶制生产关系基础上，并为奴隶主统治阶级利益服务的。在奴隶社会，奴隶主占有一切生产资料和奴隶，奴隶的剩余产品全部归奴隶主所有，这时财政关系与一般分配过程没有完全分开。奴隶制国家财政的特征如下：

（1）直接占有

奴隶主主要以直接占有奴隶及其劳动成果的方式取得财政收入，包括王室土地收入、来自战败国的贡赋收入和捐税收入。

（2）收支混合

财政收支与王室的收支混在一起，没有严格的界限。国王统治范围内的土地和臣民百姓如同国王个人的财产，国家的公共支出与国王个人的收支无法明确划分。

（3）财政形式

财政形式主要采取实物和徭役的形式。这主要是由当时生产力发展水平低下、商品经济不发达所决定的。

### 2.封建制国家财政

封建制国家财政是建立在封建社会生产关系基础上，并为封建主（贵族和地主）利益服务的。进入封建社会，随着社会生产力的发展和剩余产品的增长，国家财政收入与一般分配关系逐渐分开。这时财政的特点如下：

（1）税收形式

在封建经济的发展过程中逐步形成了以土地或人口为课征依据的税收形式。特别是封建社会后期，赋税成为封建国家财政的主要收入形式。

（2）衍生变化

随着商品货币经济的发展，除原有的财政范畴外，又出现了许多新的财政收入方式和形式，如专卖收入、国债、国家预算等。

（3）收支分离

国家财政收支与国王个人收支逐渐分离，形成单独的收支渠道，并设独立的管理机构进行管理。

（4）形式变化

财政收支形式，由以实物形式为主逐步向以货币形式为主转化。

3. 资本主义国家财政

资本主义国家财政是建立在资本主义社会生产关系基础上，并为资产阶级利益服务的。资本主义打破了封建主义生产关系，商品经济关系得到充分发展，社会劳动生产率大大提高，也提高了剩余产品在社会总产品中的比重，从而为财政关系的扩大奠定了物质基础，相应地财政关系得到空前发展。这时财政的特点如下：

（1）形成完整的体系

税收是国家财政收入的主要形式，经过多年调整、完善，已形成较为完整的征收体系。

（2）以货币方式体现

由于商品货币经济的发展，国家财政全部货币化。

（3）多样性

国家财政不仅依靠税收形式取得财政收入，而且通过举借大量内外债、财政发行、通货膨胀等手段取得财政收入。

（4）宏观调控手段

财政职能不断增加，收支范围相应扩大，不仅要给政府管理国家提供经费，而且要保证不断增长的社会福利的资金需要，并直接涉足经济领域，成为国家对国民经济进行宏观调控的重要手段。

4. 社会主义国家财政

社会主义国家财政是建立在以生产资料公有制为主体、各种经济成分共同发展的所有制结构基础上的。社会主义公有制决定了社会主义国家财政的性质及特点如下：

（1）兼顾各方利益

社会主义财政以国家为主体，凭借国家的政府权力和生产资料所有者的代表身份参与一部分社会产品分配。财政凭借国家的政治权力参与分配，保持了财政分配强制无偿的共性；财政以生产资料所有者代表身份参与分配，表现了社会主义财政分配的特殊性。它区别于一切剥削阶级凭借拥有的生产资料对劳动者的剥夺和对产品的占有，社会主义财政站在全体人民利益的基础上，以兼顾国家、集体和个人三者利益为原则，对公有产品进行合理分配。

（2）是社会再生产的重要环节

社会主义财政的收入来源除凭借国家权力、以税收形式参与社会产品分配外，还有相当部分的财政收入来自以资产所有者身份参与社会产品分配从国有企业取得的经营利润。因此，社会主义财政本身又是社会再生产过程中的重要环节，社会主义财政关系的物质内容要按再生产的客观要求在全社会范围内分配剩余产品，保证整个社会再生产的顺利进行。服从财政关系这种本质规定，社会主义国家的财政分配中，经济建设的比重一般高于资本主义国家财政。

（3）具有两重性

社会主义国家的双重职能，决定了国家财政由两部分，即公共财政和国有资产财政组成，它们各自具有不同的职能和任务。与此相适应，国家财政预算分为经常性预算和建设性预算。

## 二、财政概述

### （一）财政的概念

在我国学术界，关于财政的定义很多，这些定义是学者们从不同的角度探索财政概念的内涵和外延的结果。就现代财政而言，财政是一种国家行为；财政是一种分配范畴；财政活动是一种分配活动；财政活动是社会再生产活动的一个有机组成部分。

从财政的本质及其基本特征出发，立足社会主义市场经济的体制环境，财政这一经济范畴的定义概括为：财政是以国家为主体，通过政府收支活动，集中一部分社会资源，用于行使政府职能和满足社会公共需要的经济活动。

对财政的含义我们可以从以下几方面加以理解：

1. 财政分配的主体

财政分配的主体是国家。它包含三方面的意思：

（1）财政分配必须依托国家的公共权力

财政是一种非市场行为，是一种对收入的再分配。首先，国家是社会公共事务管理机关，它通过法律、秩序和公共服务，为社会提供公共产品，因而有权从社会总产品中获得自己的一份收入。但是，它不直接参与物质产品生产活动，因而不可能从国民收入的初次分配中获得收入，而只能依托其公共权力通过再分配的方式获得收入。

其次，公共事务在本质上是全体居民共同利益的体现。但是，这种利益往往是比较抽象的，如国防、安全、秩序等，因此，国家无法像市场行为那样按向个人提供的服务来收费，因而只有凭借公共权力，通过税收和行政性收费方式来获得收入。因此，财政活动必须以国家为依托。

(2) 国家的存在和发展必须依靠财政

财政是国家机器能够正常运转的物质基础和重要保障。因此，国家对财政有较强的依赖性。

(3) 政府是国家行使其职能的公共权力机构

政府行使国家权力，表现为政府行使其职能，包括政治职能、经济职能、社会职能。

## 2. 财政分配的对象

从财政分配的客体考察，财政分配的对象是社会产品的一部分。按照我们对社会产品的分析，全部社会产品是由补偿生产资料消耗部分、劳动者个人收入部分，以及剩余产品价值部分所组成。

从财政的实际运行情况来看，财政收入中既包含剩余产品价值部分，也包含劳动者个人收入部分。就全部收入而言，我国财政分配的对象主要是剩余产品价值部分，但从社会经济的发展来看，劳动者个人收入部分对财政分配的影响作用越来越大。

## 3. 财政分配的目的

财政分配的目的是满足社会公共需要。一般经济分配是用于满足单位和个人需要的，而财政分配是为了保证国家实现其职能的需要，这种需要属于社会公共需要。任何国家都不能仅仅执行政治职能，财政分配除了要满足权力机关需要外，还要不同程度地为发展文教科学卫生事业和经济建设提供财力保证，以执行其经济和社会职能。

国家在社会经济生活中的作用，总的趋势是随着社会经济的发展而日益加强，这是生产现代化、社会化的客观要求。不同的是，各社会形态的国家职能和满足社会公共需要的性质、范围有所不同。

社会公共需要是相对私人需要和微观主体需要而言的。所谓社会公共需要是指向社会提供安全、秩序、公民基本权利和经济发展的社会条件等方面的需要。

社会公共需要具有如下基本特征：

(1) 总体性

社会公共需要是就社会总体而言的，为了维持一定政治经济生活，维持社会再生产的正常运行，必须满足由社会集中、执行和组织的社会职能的需要。

（2）共同性

为满足社会公共需要提供的产品和服务是向社会公众共同提供的，其效用具有"不可分割性"，即它是向社会公众而不是向某个人或集团提供的，是共同享用的，而不是某个人或集团享用的。

（3）不对称性

满足私人需求需要等价交换，而社会成员享用为满足社会公共需要提供的产品和服务，无须付出任何代价或只须支付少量的费用。

综上所述，国家主体性是财政最本质的内涵和特征，财政的其他内涵和特征是由国家主体性派生的。因而，财政也可简称为以国家为主体的分配活动和分配关系。

## （二）财政的属性

财政属性是指财政这一事物所具有的性质和特点。一般认为，财政具有以下属性：

### 1. 阶级性与公共性

国家历来是统治阶级的国家，政府则是执行统治阶级意志的权力机构。财政既然是国家或政府的经济行为，那么财政具有鲜明的阶级性就不言而喻了。同时，财政又具有鲜明的公共性。这是因为：就财产而言，公与私是产权关系的界定问题；就行政管理或事务管理而言，则是社会分工问题。自从国家产生以后，社会事务就划分为"公办"和"私办"两类事务，由国家或政府来办的事务是"公办"，亦即"公事"；由私人自己来办的事务就是"私办"，亦即"私事"。财政是为国家或政府执行其职能提供财力的，属于"公办""公事"，自然具有公共性。财政的公共性不是市场经济条件下才存在的，前面说的国家或政府执行某种社会职能是公共事务，甚至阶级统治是历史发展的必然结果，也属于公共事务。

在我国过去的计划经济条件下，尽管国家包揽的事务过多过宽，但也并没有包揽私人的全部事务，也有"公办""公事"和"私办""私事"之分，例如，财政没有包揽家庭理财，没有包揽企业财务，甚至国有企业财务也不是完全属于财政范围。因此，财政的公共性，不是因为冠以"公共财政"的名称而存在的，而是因为财政本身具有公共性这一天然属性。

### 2. 强制性与无直接偿还性

财政的强制性是指财政这种经济行为及其运行是凭借国家政治权力，通过颁布法令来实施的。当国家产生以后，对社会产品占有的过程中存在两种不同的权力：所有者权力和国家政治权力。前者依据对生产资料和劳动力的所有权占有，后者凭借政治权力占有。例如，政府对公民征税，就意味着政治权力凌驾于所有权之上，依法强行征收，任何形式的抗税都是一种违法行为。

同样，财政支出也具有强制性特征。在财政支出规模和用途的安排中，众多的公民可能有这样或那样的不同意见。有的要求建一条公路，有的则可能要求建一个公园，但公共支出不能按某一公民的意见做出决策，在民主政治下，必须通过一定的政治程序做出决策并依法强制实施。

财政无直接偿还性是和它的强制性相一致的。例如，国家征税之后，税款即归国家所有，对纳税义务人不需要付出任何代价，也不需要偿还。当然，从财政收支的整体过程来看，我国的税收是"取之于民，用之于民"的，就这个意义上说，税收具有间接的偿还性。但是，每一个纳税义务人都无权要求从公共支出中享受与他的纳税额等值的福利，也就是说，对每一个纳税义务人来说，他的付出和所得是不对称的，这是财政运行的一个重要特点，即无直接偿还性。

3. 收入与支出的对称性（或平衡性）

财政的运行过程是有收有支，即通过"收入—支出、支出—收入"过程运行的，因而收入与支出的对称性构成财政运行的一个重要特征。关于财政收入与支出的关系，我国历来就有"以收定支"和"以支定收"的争论。不管是收入决定支出，还是支出决定收入，这种争论说明收入与支出是财政运行过程中相互制约的两方，收支是否对称或平衡构成财政运行的主要矛盾。

收支是否平衡，表面上是一种收支关系，而背后是反映政府和企业、居民之间的关系，反映各阶级、各阶层之间的利益关系，反映中央与地方、各地区以及政府各部门之间的利益关系，因而收支平衡也成为制定财政政策的轴心。

纵观古今中外，收支绝对平衡几乎是不存在的，有时收大于支，有时支大于收。收大于支意味着有结余，财政运行似乎稳妥，但常年形成大量结余则说明政府集中的资源没有充分运用，会抑制社会经济的发展。支大于收意味着出现赤字，如果出于政策需要，运用得当，会有利于社会经济的发展。但连年不断形成大量赤字，则说明财政运行失控，影响市场经济效率，甚至最终导致通货膨胀。为此，有的国家规定赤字和公债发行的上限，或通过立法来制约国债的发行。

因此，围绕收支平衡这个轴心，合理安排支出规模和结构并提高使用效益，制定合理的税收和收费制度并保证收入及时、足额入库，发挥国债积极作用的同时防止赤字和国债发行失控，制定财政管理体制以合理调节中央与地方关系，依据政治经济形势的发展及时调整财政政策等，就构成一条财政学的主线。

## 第二节　市场、政府与财政

### 一、市场经济

#### （一）市场经济的含义

所谓市场经济就是建立在社会化大生产基础上的发达的商品经济，是一种社会经济形式和资源配置方式。市场经济是高度社会化和高度市场化的商品经济，是市场居于支配地位、市场机制发挥基础性调节作用的商品经济，是商品经济发展的高级阶段和高级形式，是发达的商品经济。

1. 市场经济是一种社会经济形式

社会经济形式是指社会经济的各领域、地区、部门、行业、企业以及个人相互之间实行经济联系的手段、方式和途径的总称，市场经济是现代社会普遍存在的社会经济条件决定的。

在现代社会中，生产力的发展水平和状况决定了社会产品不足以充分满足人们的各种需要，劳动仍然是人们谋生的手段，这也就决定了各种经济利益主体之间在发生经济联系时，仍然必须采用商品、货币的形式和等价交换的方式，以保障他们正当的、合法的经济利益得到平等的实现。市场经济作为一种社会经济形式，还要求整个社会经济联系必须按市场经济运行的各种规律办事，不能违背客观的市场经济规律。

2. 市场经济是一种资源配置方式

资源配置方式是指为使经济行为达到最优和最合适的状态而对资源在社会经济的各个领域、地区、部门、行业、企业之间，在各种用途之间，进行配置的各种手段和方法的总称。市场经济作为资源配置的方式，能够起到资源优化配置的作用，这就是市场机制在资源配置中的作用。

市场机制以利益最大化为目标、以竞争为动力，用价格传递信息，引导各种市场主动地做出生产什么、生产多少、怎样生产以及消费什么、消费多少、怎样消费等一系列决策，从而引导稀缺资源在各个经济领域、地区、部门、行业、企业以至个人之间自由流进和流出，达到资源的优化配置。

## （二）市场经济的优势

人类社会的经济实践已经充分表明，市场经济是迄今为止最有效率的资源配置方式和手段之一，这一事实是不以社会性质的不同而转移的。

如果社会上的每个市场都能满足以下假定条件：

第一，在市场上有众多的买者和卖者。这意味着每个卖者所能提供的产品数量与每个买者计划购进的产品数量在市场总量中所占的份额都是微不足道的，它们不足以对市场价格的形成产生影响。

第二，人力、物力和财力等各种资源都能够自由地通过市场在不同企业、行业和地区之间转移，即不存在任何法律、社会或资金的障碍阻止个人和企业进入另一个行业。

第三，生产者和消费者对有关的市场信息是完全掌握的，他们不仅掌握今天的信息，而且了解以后发生的情况。

第四，生产者所提供的同种产品是同质的，即同一产品无差别。这样，对消费者来说，他们不会由于自身的消费习惯或偏好而对有着不同品牌、包装、服务等的同种产品产生不同的兴趣，从而出现某一厂家的产品由于特别受消费者的欢迎而占据较大的市场份额，出现某种程度垄断的情景。

那么，在满足以上四个基本条件的所谓完全竞争市场上，无数带有自身利益的理性生产者和消费者相互作用的结果能够使社会资源的配置达到最优状态。这样，借助于价格机制、供求机制、竞争机制、个人之间的利益互动机制和市场这只"看不见的手"，社会经济系统能够得到有效运作，社会资源流入经济效益高的部门，实现社会经济效益的最大化。

## （三）市场经济的缺陷

市场经济不是万能的，它在许多方面存在缺陷。在一些领域或场合，市场机制本身并不能得到有效发挥，从而无法得到有效配置资源的结果；而在另外一些领域或场合，市场机制即使能够发挥作用，通常也无法得到整个社会要求的正确的资源配置的结果。

这些市场经济自身所无法克服的固有缺陷或不足，一般称为"市场失灵"。造成"市场失灵"的原因如下：

**1. 公共产品**

公共产品是指可供社会成员共同消费的产品，即满足社会公共需要的产品。这些产品在每一社会成员消费时不会导致其他成员对该产品消费的减少。因此，这类产品可以同时为众多社会成员享用，但是产品的成本和效用却不因为消费者人数的变化而改变。最典型的公共产品如国防、治安、消防、气象预报等。

公共产品是和私人产品对应的。私人产品是满足个人需要的，一般通过市场供给解决；而公共产品是满足社会公共需要的，在社会经济生活中，公共产品不能由市场提供，而只能由政府提供。它有如下特征：

(1) 非排他性

非排他性也称消费上的非排斥性，是指这类产品在技术上不易排斥众多的受益者消费的特性。在国家法律制度许可的范围内，人人都可以享受因公共产品的提供所带来的任何利益。例如，每个公民都可以无差别地受益于国防所提供的安全保障；每个人都可以从天气预报得到气象信息；当一个人享受城市优美环境所带来的身心健康的利益时，并不排斥他人也享受优美环境带来的利益。

(2) 非竞争性

非竞争性是指公共产品可以提供给任何人消费，每一消费者的消费并不影响其他消费者利益的特性。这种消费无须通过竞争来实现，公共产品的边际成本为零。因此，公共产品的取得无须通过市场采取出价竞争的方式。公共产品消费数量的增加不会引起公共产品价格的增加。而私人产品，如衣服、食品和住宅等，消费者必须通过市场采取出价竞争方式取得。

(3) 非营利性

非营利性是指公共产品的提供者不以营利为目的，而是追求社会效益和社会福利最大化的特性。而私人产品的提供则会追求利润的最大化。

(4) 效用不可分割性

效用不可分割性是指公共产品是向整个社会共同提供，而不能将其分割成若干部分，分别归个人或集团消费的特性，如安全、秩序、国防等。

非排他性和非竞争性是公共产品最核心的特征，它们决定了公共产品的提供不可能像私人产品那样通过市场竞争来实现。同时，这种能为任何人享用的、可以"搭便车"的公共产品，必然难以给提供者带来直接的经济利益。因此，公共产品的提供是任何私人企业都不能接受的。然而，从整个社会角度看，公共产品是社会稳定与发展及国民福利增长所必需的。因此，公共产品只能通过政府由公共部门来提供。

2. 外部效应

外部效应是指商品生产者的内部成本与外部成本、内部效益与社会效益不一致，给其他社会成员带来的影响。它分为外部正效应和外部负效应两种情况。

(1) 外部正效应

外部正效应是指私人部门从事某项活动对其他人带来利益的现象，即商品生产者的内部效益远远低于社会效益的现象。如长江、黄河上游退耕造林，其下游可以受益。生产者的成本大于收益，利益外溢，得不到应有的效益补偿，这将导致市场主体尽可能地减少从事具有外部正效应的经济活动。

（2）外部负效应

外部负效应是指私人部门从事某项活动对其他人带来损失而自己受益的现象，即商品生产者的生产成本大大低于社会成本的现象。如造纸、化工等企业不做任何处理就对外排放的"废渣、废气、废水"，对企业而言成本最低，但造成的环境污染所带来的社会成本将是难以估量的。外部负效应意味着，市场价格不反映生产的边际社会成本，从事该活动的经济主体把部分成本强加给其他经济主体，从而造成社会成员过量从事具有外部负效应的经济活动。

外部效应的存在使得具有外部效应的产品的市场供给，只能过多或过少，由此导致了资源配置的不合理。要消除外部效应，必须实现外部成本（收益）的内在化，而市场经济本身是无能为力的，只有政府介入，才能克服外部效应的缺陷。

3. 市场垄断

市场垄断是证券交易市场上的一种不良交易行为。市场垄断者以数量庞大的资金集中于某种有价证券的买卖，以长期控制市场局势，使一般投资者上当，垄断者趁机渔利。常见的操纵手段有：①市场垄断者利用大笔资金秘密买进某种股票的大部分，使交易筹码减少，同时设法使该股票行市上扬，造成利多气氛，哄抬价格，引诱一般投资散户跟进。待股票上涨到一定程度后，再集中抛出，从中牟利。②市场操纵者集中大量卖出某种股票，使该股票筹码激增，迫使股价下跌，造成散户恐慌心理。

4. 信息不对称

市场有效运行的一个前提条件是所有当事人都具有充分信息。但现实生活中往往出现这样一种情况，当事人的一方拥有较多信息，而另一方则信息较少，这种情况就称为信息不对称。

信息不对称是一个社会问题，是市场经济本身无法克服的，因此，政府就有必要提供充分的信息，并通过一些公共管制(如信息、质量、资格管制)的办法，来弥补市场缺陷。

5. 收入分配不公

社会产品生产出来以后要在社会成员之间进行分配，在市场经济中分配主要由市场机制来完成。市场机制给予人们的报酬是以生产能力和贡献为标准的。

6. 宏观经济失衡

在市场经济条件下，生产和消费主要是由市场机制自发调节。由于市场机制自发调节的盲目性，社会总供给和社会总需求之间不一定能够达到最佳的平衡，国民经济就可能发生周期性的波动与失衡，从而会出现失业、通货膨胀等问题。这些宏观经济的失衡会给生产者和消费者带来一定的损失，社会的经济发展也会受到不利的影响和干扰。为了实现经济的均衡增长，政府必须干预经济。

7. 个人偏好不合理

个人偏好是指个人的要求和愿望。个人偏好的合理是指个人的要求、愿望与市场的发展要求一致。在市场运行中，个人偏好往往有不合理的方面。消费者对有些物品不能给予正确的评价，如有人对香烟、毒品有好感，认为它们会带来好处。这种由于个人偏好不正确所带来的市场运行结果是不完善的，政府有必要进行干预。

由于市场固有的缺陷，因此市场运行的结果将会偏离资源与收入分配的理想状态，要弥补市场缺陷只能依靠政府的活动。政府虽然不创造社会产品，但却提供公共产品，获取和消费这种公共产品是人们的一种公共需要。财政是以政府为主体的分配，现实中表现为政府的收支活动，财政通过收支形式为政府各公共部门供给公共产品、弥补市场缺陷提供财力，并有效使用资金。这就是社会经济生活中需要财政的根本原因。

## 二、市场经济中的政府

### （一）政府职能

职能，即职责和功能，泛指人、事物、机构的作用。政府职能，或者叫行政职能，是指政府在一定的历史时期内，根据国家和社会发展的需要而承担的职责和功能。政府职能分为基本职能和具体职能。政府具有阶级统治和社会管理两种基本职能，具体职能是政府的基本职能的具体体现。政府职能是一种社会历史现象，它随着社会历史的发展而改变和发展。

1. 政治职能

政治职能是政府职能的基本形式。古代政府与现代政府、资本主义国家政府与社会主义国家政府、发达国家政府与发展中国家政府都是把政治职能视为政府的基本职能。政府政治职能集中反映了政府管理的阶级性，最鲜明地反映了国家的本质和一定时期政府活动的基本方向、方式和作用。

政府政治职能的实质是阶级统治职能，它一般通过公安机关、国家安全机关、司法部门、民意机关行使约束性、控制性、保卫性、防御性、镇压性以及吸纳性、调和性功能，以维护有利于统治阶级的政治社会秩序及国内外环境。任何国家的政府都具备政治职能，虽然这种政治职能的地位、作用方式不同，但都是必不可少的。

这些政治职能概括起来，可以分为六类：一是军事，二是外交，三是安全，四是社会治安，五是政治宣传，六是民主法制建设。无论政府职能如何调整，无论政治职能的形式如何变化，上述方面都是一个国家政治职能必不可少的部分。

## 2. 经济职能

简言之，政府的经济职能就是政府管理社会经济的职能。不同体制的国家，政府的经济职能范围大小不同，即使同一个国家在不同的历史时期经济职能也是有变化的。以我国为例，在原来高度集权的计划经济体制下，政府经济职能很多，覆盖面很大。改革开放以来，传统的计划经济体制受到严重的挑战和冲击，建立社会主义市场经济体制成为经济体制改革的目标取向，政府的经济职能也发生了相应变化。现在，我国政府的经济职能主要有以下几方面：①为了实现宏观调控目标，实现国民经济各部门之间的比例协调等宏观经济问题，制定指导性的经济社会发展战略、规划和计划。②保持社会总需求与总供给的动态平衡。③政府是国有资产的所有者和产权界定者。④政府有责任创造一系列条件，组织培育、完善市场体系。⑤维持社会公共事业。⑥协调与服务功能。

经济职能尽管为各级政府所共有，但中央政府和地方政府的经济职能是不同的，中央政府负责全国性、地方政府无法承担或不能承担的经济活动，而地方政府的经济职能较为狭小，一般管理地方性经济活动。

## 3. 社会管理职能

政府的社会管理职能是政府在管理除政治、经济、文化、法律之外的社会生活公共事务，提供社会公共服务过程中所承担的功能。现代社会中，经济、政治、社会管理的内涵正处于变换和扩张之中，政府的这几种职能在某些方面会相互交叉渗透，例如建立社会保障体系，既是一个社会管理职能，同时也很难说不是经济职能。

从具体范围来看，可以把社会管理职能概括如下：①建立社会保障体系，制定社会福利政策，开展养老、失业救济、医疗保险、优抚等社会管理工作。②在交通、通信、能源、住房等方面为社会和公民提供便利。③保护和合理利用各种自然资源，防止和治理环境污染，保护生态环境。④防震、救灾、抗洪抢险、教育、体育、卫生等。

政府社会管理职能与老百姓生活密切相关，生老病死、衣食住行无不在社会管理之中，同时社会管理的好坏也直接影响着政府的形象。

## 4. 法律职能

政府的法律职能是社会法制建设中逐渐形成的一个政府法律职能体系，具体包括以下内容：

（1）行政立法

行政立法指国家行政机关根据国家法律或国家立法机关的授权，或者是按照行政机关的职责需要制定行政法规、规章的行为。

（2）行政执法

行政执法是指国家行政机关及其工作人员，以及依法授权进行行政管理的组织和工作人员按照国家的法律、法规、规章管理行政事务的行为。

(3) 法律监督职能

政府法律监督职能是指充分发挥行政机关权力的作用，保证行政机关高效运转，协调其他国家机关正常运行，维护公共权力，建立公共秩序。

(4) 行政司法

行政司法是指国家行政机关、国家专门设立的司法机关、法律授权的社会组织处理行政争议与行政法律关系相联系的民事纠纷的一种法律形式。

(5) 政府法律服务职能

法律服务是指政府法律服务机构直接为社会提供法律帮助的行为。市场经济是法制经济，其对法制的要求是多方面的，包括市场经济各个环节、各个领域、各个部门都需要法律加以调节、规范和保护。行政法律、法规制度在市场经济中发挥的作用是巨大的。

5. 文化职能

政府的文化职能就是政府运用行政权力管理科学与文化事业的职能，主要有指导职能、服务职能、协调职能、监督职能、控制职能等。

## （二）政府失灵与政府干预经济的局限性

上述论述中谈到，当市场机制出现解决不了的问题时，人们就往往想到了政府，想到了应该由政府出面解决这些问题，即发挥公共财政的功能。在这条思路里，实际上隐含着一个假设：政府是无所不知、无所不能的，并且政府是一心为人民的，从而只要政府出面，市场条件下无法解决的一切困难都可以迎刃而解。但是事实并非如此。

1. 政府绝非无所不能的

政府面临着收集信息的困难，很多事情是它所不了解的，在收集到信息之后，又面临着处理信息的困难。在收集和处理信息后，政府所做的决策也不一定是正确的。

政府做出一个正确决策很不容易，好不容易做出的正确决策，在贯彻执行的过程中又会产生各种问题导致政策扭曲变形。总之，政府解决问题的能力是有限的。

2. 抽象的政府是由具体的人组成的

当我们谈论政府行为的时候，实际上谈论的是政府官员的行为。作为人，政府官员也有着自己的利益，并且他们的利益经常和别人的利益，有时甚至是和整个社会的利益发生冲突，这时，他们往往宁肯损害别人的利益，也要维护、扩大自己的利益。当他们想要扩大自己利益的时候，他们可以比其他人更容易实现，因为他们总有着公众赋予他们的权力，这是组织管理方面的局限性。

3. 技术上的局限性

离开了市场，政府就难以了解消费者的偏好以及各种产品的生产可能性。这样，政府所做出的安排就脱离了消费者的愿望和要求，使得资源配置效率下降。

### （三）市场经济与政府干预的权衡

市场只有在理想的完全竞争条件下才能实现效率，然而，现实中的市场并不符合理论上完全竞争的假定条件，即存在市场失灵，使得市场不能实现理论上所确立的最佳目标。公共产品、外部效应、垄断等较为明显地表现了市场失灵。承认市场存在失灵本身并不必然意味着有必要让政府进行干预，关键在于政府干预的代价是否能低于市场失灵所造成的损失，如果能以较小的代价去弥补一个较大的损失，那么政府的干预就是必要的，反之就是不必要的。

政府干预经济时由于存在信息不完全、组织管理、技术上的限制，导致政府失灵，承认政府失灵就意味着承认政府干预的局限性。由此，政府活动的核心领域是提供市场所不能提供的公共产品、具有明显外部效应的产品以及生产具有自然垄断倾向的产品。

因为在这些领域中市场失灵所造成的损失较为严重，而所涉及的范围又比较有限，用政府活动来代替市场不易产生过大的政府失灵。对其他一般性产品的生产和消费，政府的介入应采取谨慎的态度，因为在这些领域中，市场失灵即使存在也不太明显，政府干预容易产生这样的结果：干预所产生的政府失灵比它所要弥补的市场失灵对社会有更大的危害。

## 第三节　财政的职能

### 一、财政职能的内涵

职能应该是指某一范畴内在固有的功能，这种功能是其范畴内在的和固有的。也就是说，如果抽掉了这种功能，该范畴就会转化为另一个范畴，只要是该范畴就必然存在这种内在固有的功能。职能与作用是两个不同的概念。作用可以看作该范畴的职能发挥出来后在客观上取得的效果，这种效果可以表现为很多具体的方面，而范畴的职能则相对抽象，并有其客观性。财政的职能应当看作财政这一范畴内在固有的功能，只要是财政，这种功能就会存在，如果抽掉了这种功能，财政也就不成其为财政了。财政的职能也不同于财政的作用，财政的作用可以是财政职能发挥出来后在现实经济生活中取得的效果。这种效果可以罗列出十几条甚至几十条，但财政的职能是抽象的。

财政的职能表现为财政范畴内在固有的功能，但这种内在固有的功能在不同的财政模式中会有不同的表现。也就是说，计划财政有计划财政的职能，公共财政有公共财政的职能。我们研究的是市场经济体制下公共财政的职能，这种研究必须以政府与市场的关系为基础。公共财政的职能与计划财政的职能是不同的，这是因为计划经济与市场经济的运行模式不同，经济运行机制不同，财政活动的领域也不相同。不区分计划财政与公共财政的差异，将计划经济下财政的职能简单套用在市场经济的公共财政中是不可取的。因此，研究公共财政的职能必须以市场经济体制中政府与市场的关系为基础，说明在市场经济体制所决定的政府与市场的关系下财政内在固有的功能。

将市场在资源配置中的"基础性作用"修改为"决定性作用"，本质上就是对政府和市场关系的重新定位，进一步突出市场在资源配置中的作用。同时强调，财政是国家治理的基础和重要支柱，科学的财税体制是优化资源配置、维护市场统一、促进社会公平、实现国家长治久安的制度保障。这有助于我们深化对财政职能的理解。

应当指出，财政的职能是相对抽象的，这种内在固有的功能本身并不存在好与坏和正与负的问题，而这种内在固有的功能在现实经济生活中发挥出来后取得的具体效果即财政的作用，却有好与坏之分。这就是说，财政的职能发挥出来后取得的效果可能是好的，也可能出现问题。如果把财政内在固有的功能看作内因，那么这种内因的发挥需要必要的外部条件。财政作为政府的经济活动，其分配必然受到政府主观决策的影响和制约。如果政府的主观决策符合客观要求，决策过程民主科学，则职能发挥的效果可以是正的；反之，则职能发挥取得的效果有可能是负的。无论是取得正的效果还是取得负的效果，都不会影响财政职能的分析。

在社会主义市场经济条件下，财政的职能主要有资源配置、收入分配和经济稳定与发展三方面。

## 二、资源配置的含义和必然性

所谓资源配置，是指有限的社会资源在不同经济领域、不同地区、不同产业、不同部门以及不同行业间的分配比例。资源是短缺和有限的，因此，只有通过有限资源在不同经济领域、不同地区、不同产业、不同部门以及不同行业分配比例的变化，才能达到社会资源的最佳配置，取得最大的资源配置效率。

资源配置问题是一个十分复杂的问题，无论是计划经济体制还是市场经济体制都存在资源配置问题，只不过在两种不同的经济体制中，资源配置的方式有所不同。

在市场经济体制中，由于政府经济活动和市场经济活动都要消耗社会资源，社会资源必须被同时配置在政府经济和市场经济两个领域当中，因此，不仅市场具有资源配置的职能，财政也同样具有资源配置的职能。从整体上看，财政的资源配置与市场的资源配置是相辅相成的，两者资源配置的机制完全不同。市场必须为社会提供私人产品以满足整个社会的私人个别需求。在私人产品提供和私人个别需求满足的过程中，必然要消耗社会资源，因此，一部分社会资源必须通过市场机制在竞争性领域中配置，而市场在资源配置中通过竞争性与排他性的机制可以得到较高的效率。这也是经济学家提出的帕累托效率或称帕累托最优理论的应有之义。但是，帕累托最优在竞争性领域中的实现需要一定的条件，一是要求采用当时最优的生产技术，二是要求不同产品在消费上的边际替代率必须相等，三是要求消费上的边际替代率与生产上的边际转化率必须相等。从理论上说，在完全竞争的市场经济中，通过竞争机制的作用和利润最大化目标的追求，市场经济有可能实现帕累托最优。但在现实中，不仅完全竞争的市场经济并不存在，而且还存在着垄断、信息不充分、外部效应等导致出现市场失灵的因素，因此，完全靠市场达到帕累托最优是不可能的，也就是说社会资源完全靠市场配置是不可能的。

在市场经济条件下，一部分社会资源必须由财政配置，财政必然具有内在的资源配置职能。首先，公共产品的提供要求一部分社会资源必须由财政配置，政府经济活动就是要为社会提供公共产品以满足社会的公共需要。由于公共产品具有非竞争性和非排他性的特点，具有较为明显的外部效应，在公共产品提供的过程中，不存在自身等价交换的补偿机制，因此，公共产品在一般情况下不可能依靠市场提供，市场机制在公共产品资源配置中不起作用。在这种情况下，公共产品的提供只能依靠财政。政府通过财政分配活动为公共产品配置相应的社会资源。财政为公共产品配置资源是必然的，如果财政给公共产品配置的资源不足，而市场又不能配置，则会导致整个社会公共产品的短缺，出现财政缺位的现象。其次，弥补市场失灵也需要一部分社会资源由财政配置。市场在竞争性领域中的资源配置是高效率的，但在资源配置中存在着市场失灵，可能会出现社会资源的损失和浪费、社会再生产过程的垄断、通货紧缩和通货膨胀、市场价格信息的扭曲以及社会收入分配的不公等现象。因此，需要政府对市场经济领域进行干预，矫正市场的失灵。例如，通过财政补贴矫正正的外部效应、通过收费矫正负的外部效应、通过财政政策的制定和实施调节社会总供给与社会总需求的平衡等，这将导致财政对一部分社会资源进行配置。

应当指出的是，财政的资源配置职能并不能替代市场对资源的配置。在一般情况下财政应当尽量减少直接对市场经济领域的资源配置，从而在竞争性领域中让市场在国家宏观调控下在资源配置中起基础性作用。财政在竞争性领域中资源配置的力量越强，则市场机制就越弱，这将极大地破坏市场对资源的配置，降低社会资源的配置效率。财政资源配置的领域主要是政府经济领域，在竞争性领域中财政只能矫正市场的失灵而不应成为资源配置的主体，不能让财政超越市场成为资源配置的最重要的方式。税收理论中的税收中性原则说明的就是这个道理，这也是公共财政与计划财政的最大区别。

## 三、收入分配职能的含义和必然性

财政收入分配职能，是指通过财政分配活动实现收入在全社会范围内的公平分配，将收入差距保持在社会可以接受的范围内。收入分配职能是财政的最基本和最重要的职能。在社会再生产过程中，既存在着凭借生产要素投入参与社会产品分配所形成的社会初次分配过程，也存在着凭借政治权力参与社会产品分配所形成的社会再分配过程。初次分配是市场经济领域的分配活动，财政再分配则是政府经济领域的分配活动。两个领域收入分配的原则与机制是完全不同的，在收入分配中如何处理公平与效率的关系也不相同。

市场经济领域中的初次分配，贯彻的是"效率优先，兼顾公平"的原则。在一般情况下，我们对公平的理解主要是社会产品分配结果的公平。但结果的公平本身，受制于起点的公平和规则及过程的公平。没有起点的公平和规则及过程的公平，不可能真正实现结果的公平。市场经济之所以坚持效率优先，原因在于：首先，市场经济中的初次分配依据的是生产要素的投入，生产要素的拥有者将自身拥有的生产要素投入生产过程之中，并凭借这种生产要素的投入参与生产结果的分配。而社会成员对生产要素拥有的数量与质量都不相同，这种起点的不同必将影响到结果分配的不同，这实际上就是起点的不公平。在这种情况下，市场经济领域的初次分配不可能强调结果分配的公平，市场经济有可能做到规则和过程的公平，但无法做到结果的公平。如果市场经济刻意追求结果的公平，就不存在按生产要素投入的分配。其次，市场经济具有竞争性。在竞争性的作用下，资源利用效率比较低的企业有可能通过破产机制被淘汰，其利用的资源也会向资源利用效率较高的企业集中。这种竞争对市场主体来说是生与死的竞争。在生与死的竞争压力下，市场经济主体必须提高资源利用效率，将效率放在首位，没有一定的效率就没有生存的机会。

正因为如此，市场经济领域中的初次分配必然存在收入分配的差异，出现收入分配差距的拉大，这是市场经济本身无法避免的。从某种意义上说，这种收入分配差距的拉大具有进步意义，它可以刺激社会资源配置效率的提高，促进市场经济竞争力的增强。但是，从全社会范围看，收入分配差距如果过大，结果的不公平如果过于严重，会直接影响到社会的稳定。社会收入分配不公是导致社会不稳定的重要因素。财政的收入分配职能就是通过财政的再分配活动，压缩市场经济领域出现的收入差距，将收入差距控制在社会可以接受的范围内。财政再分配必须坚持"公平优先，兼顾效率"的原则，将社会公平放在第一位，调整市场经济初次分配过程中出现的过大的收入分配差距，进而实现社会的稳定。这种以公平优先为原则的收入分配是市场经济本身无法实现的。这是因为：第一，财政参与社会产品分配的依据并不是生产要素的投入而是国家的政治权力，政治权力对每一个社会成员来说都是共同的，这就使得财政分配的起点比较公平。第二，国家政治权力是强制的，强制取得的收入就应当无偿用于全体社会成员。第三，财政提供的是公共产品，满足的是社会公共需要，而公共需要是全体社会成员无差别的需要，表现出明显的公共性。第四，财政分配的主体是国家，国家和政府的出发点与市场的出发点有明显的区别，市场应更多地考虑竞争和生存，而国家和政府则应更多地考虑社会的稳定。从这个意义上说，财政收入分配职能是不可替代的重要职能，在维系社会稳定和保证社会成员共同富裕方面发挥着重要的作用。

### 四、稳定与发展职能的含义及必要性

稳定与发展职能，也可以称为财政的宏观调控职能，是指利用财政政策通过财政活动矫正市场失灵，引导社会力量共同参与社会治理，进而保证社会总供给与总需求的相对均衡，促进社会再生产协调运行，推进经济、政治、文化、社会、生态"五位一体"建设，促进社会各地区协同发展。社会再生产的协调运行，实际上也就意味着整个国民经济的稳定与发展。财政的稳定和发展职能与财政的资源配置职能和收入分配职能不同，财政的资源配置职能和收入分配职能是两个基本的职能，而稳定与发展职能则是建立在这两个职能充分发挥作用的基础上的派生职能。这就是说，稳定与发展职能是在资源配置与收入分配职能发挥的过程中实现的，没有资源配置和收入分配职能的发挥，就没有稳定与发展职能的实现。如果说资源配置职能与收入分配职能是在微观领域发生作用的话，稳定与发展职能则更多地在宏观领域中发挥作用。

市场经济本身在社会资源配置中具有较高的效率，在完全竞争的市场经济中，也存在自身平衡的机制。政府不应干预经济，"看不见的手"可以平衡经济的运行，可以将人人为己的私利转化为社会的公利；政府只能是"守夜人"，只应承担防止外来侵略，保护社会成员不受侵犯以及公共事业发展的职责。供给可以自动创造自身的需求，而不论供给达到什么水平。然而，完全自由竞争的市场经济是不存在的，在资源配置中存在着市场失灵，实行政府对经济的干预，强调政府应当运用财政政策实现对国民经济运行的全面调节。自凯恩斯主义开始，出现了政府对经济的宏观调控，而宏观调控的目标就在于协调社会再生产的顺利运行，实现国民经济的稳定与发展。自凯恩斯主义之后西方国家先后出现了包括货币学派、供应学派、公共选择学派等在内的新的经济思想，不断发展与完善了宏观调控的理论。

经济稳定通常包括充分就业、物价稳定和国际收支平衡三方面，这三方面都会影响社会总供给和社会总需求的平衡。在一般情况下，如果做到充分就业、物价稳定和国际收支平衡，社会总供给和总需求之间就是相对均衡的，社会再生产就可以顺利进行，整个国民经济也就相对稳定。充分就业并非指就业人口的全部就业，而是指可就业人口就业率达到社会经济状态可以承受的最大比例。如果没有达到这一状态，社会上就存在非自愿失业，则应扩大需求，使总产出增加到与充分就业状态下生产出来的产值相适应的程度。物价稳定并非意味着物价绝对不动，而是指物价上涨幅度维持在不影响社会经济正常运行的范围内。如果存在通货膨胀，则应减少社会需求，使总产出减少到与按目前价格水平计算的产值相适应的程度。如果充分就业与物价稳定都能实现，就应当保持这种总产出的水平。另外，还应当看到总供给与总需求的平衡，不仅会受国内因素的影响，在开放的社会中还受国际收支的影响。因此，在开放社会中，一国的经济往来应维持经常性收支项目的大体平衡。

与经济稳定相联系的另一个概念是发展。社会再生产不仅要稳定，还要不断地发展。

发展的概念包括经济增长在内，但其内涵比经济增长更丰富。经济发展不仅涉及社会产品和劳务数量的增加，还意味着与经济增长相适应的各种社会条件包括社会政治条件、经济条件和文化条件的变化。在现实生活中，经济发展不仅涉及 GDP 的增长，还涉及诸如受教育程度、医疗保障程度、消除贫困、解决失业问题和社会收入分配不公问题等。

# 第四节 公共财政的基本特征

## 一、弥补市场失灵的财政

市场经济在其内在规律的制约下，在社会资源配置中表现出了高效率的一面。但是事实已经证明，市场经济在高效配置社会资源的同时也存在着缺陷，因此，将社会资源的配置完全交给市场是不行的。市场资源配置的缺陷主要源于条件的缺陷。市场机制与资源配置的帕累托最优之间确实存在着对应关系。但在现实中，帕累托最优的实现条件经常得不到满足，而当这些条件得不到满足时，市场配置社会资源就可能出现问题，就会出现市场配置资源的低效率或无效率，这样就会出现市场失灵。因此，我们可以说市场失灵是市场机制不能有效发挥配置作用时所出现的低效率或无效率。

市场失灵主要表现在以下几方面：

### （一）外部效应

外部效应也称为外溢性，是指社会生活中某一经济主体（个人或厂商）的经济活动给其他经济主体（个人或厂商）的福利所带来的影响，并且这种影响并没有在市场交易过程中反映出来。外部效应有外部正效应和外部负效应之分。外部效应可以从两方面进行考察：其一是外部效应的大小和强弱。如果某一经济主体的活动对其他经济主体带来的影响很大，则称为外部效应较大或较强；如果这种影响很小，则称为外部效应较小或较弱；如果这种影响小到了可以忽略不计的程度，我们也可以说没有外部效应。事实上，绝对没有外部效应的情况是不存在的。其二是外部效应的正负。如果某一经济主体的经济活动给其他经济主体带来的影响是好的，使其他经济主体获得了收益，则称为正的外部效应或称为外部经济；反之，如果某一经济主体的经济活动给其他经济主体带来的影响是不好的，使其受到了损失，则称为负的外部效应或外部不经济。例如，一条河流经若干县市，经常发生洪涝灾害，其中某一县市斥巨资对该河流进行整治，修建了一座水库，水大时存入水库，水小时用以灌溉，可以做到旱涝保收。从经济学的角度看，出资修建水库的县市承担了该项活动的全部成本，但并没有得到全部的收益，此项活动带来的收益是分散和外溢的。这条河流经的所有县市都从中得到了好处,但它们并没有为这种收益付出代价,这是一种正的外部效应。又如,工厂利用锅炉为生产提供动力,但烧锅炉会产生空气污染,使该厂区方圆几十公里范围内的居民都呼吸非常恶劣的空气,从而影响到居民健康,出现利益的损失,但这种利益的损失得不到相应的补偿,这是一种负的外部效应。

## (二)公共产品

公共产品是这样一些物品,每一个人对这种产品的消费,并不影响任何其他人也消费该产品。公共产品与私人产品的最大区别在于公共产品具有明显的非排他性和非竞争性。私人产品之所以可以由市场经济领域提供,就是由于在竞争性与排他性的作用下具有所有权的确定性和经济利益的可分性,私人产品可以被分割到每一位消费者身上。而公共产品由于具有非排他性,一个人对某公共产品的消费并不减少其他人同时对该公共产品的消费,因而公共产品不仅在效用上不可分割,而且在经济利益上是不可抗拒的,消费者对公共产品只能被动地接受而不是主动地寻求。如国防,只要这项公共产品被政府提供,在其覆盖范围内,每一位社会成员不论是否愿意都必须接受国防的保护。即使有些公共产品在技术上可以做到具体的分割,即做到排他,可以阻止不付费的人进行消费,但在经济上这种分割阻止的代价极为高昂,即所谓的在经济上不可行。同时,公共产品也具有非竞争性,在一定范围内增加一名消费者其边际成本为零,也就是新增消费者并不减少原有消费者对该项公共产品的消费水平,使消费者不必通过竞争就可以获得该项公共产品的消费权利。

正是由于公共产品的非竞争性与非排他性,使得其市场定价遇到了很大的困难或者说是不可能的。市场经济本身在等价交换规律的约束下,从根本上排斥不按既定价格支付费用的消费者,而公共产品恰恰可以不支付费用而享受该产品的利益。每一个消费者都认为可以不支付费用而共同享受公共产品带来的利益,因而不会有任何市场主体具有主动提供公共产品的内在动力。同时,市场经济本身也很难排斥社会成员享用公共产品。市场做这种排斥的效率极为低下且代价极高,因为每增加一名消费者并不增加边际成本。公共产品具有的非竞争性和非排他性的特点使得市场如果为公共产品配置资源,其效率是极其低下的,这在客观上为政府介入市场经济活动提供了基础。在一般情况下,市场更适合私人产品的提供,而政府则应主要从事公共产品的提供。

作为市场失灵的两种表现,外部效应和公共产品之间具有一定的联系和共性。当某种产品存在极大的外部效应时,事实上也就转化成了共同性的消费。而公共产品正是这种共同性消费的集大成者。因此,凡公共产品都是外部效应较大的产品。当然,公共产品的提供是政府的一种有意识的主动的行为,而外部效应则是一种非主动的行为。从这一点上看,外部效应与公共产品还是有区别的。

## (三)垄断

垄断即限制竞争,是指行为人排斥或者限制市场竞争的行为。垄断是市场失灵的一个十分重要的表现。竞争是市场经济的典型特征，在完全竞争的情况下，每一个市场都有为数众多的参与者即买方和卖方，而每一个买方和卖方都不可能具有控制市场和价格的能力。价格是在竞争的作用下通过市场供求关系最终形成的。众多的买方和卖方都是价格的接受者，而不可能成为价格的决定者。同时，在边际成本递增的作用下，形成了产品价格按边际成本定价的规则，在这种情况下市场具有较高的效率。

垄断的存在会破坏市场的竞争，这种垄断事实上包括自然垄断和政府垄断在内。从自然垄断来看，某些劳动生产率较高的企业中出现了产品平均成本随产量的增加而递减的现象，这表明该企业的产出达到了一个较高的水平，也表明一定范围内该产品由一个大企业集中生产经营会比由若干小企业分散生产经营更有效率，但是边际成本递减后会把较小的企业从竞争中排斥出去，以致最终形成了自然垄断。在自然垄断的情况下，某种产品的生产厂商很少甚至只有一个，它不再是价格的接受者，而成为价格的制定者。在这种情况下，自然垄断企业完全可以出于利润最大化的动机，通过控制产量不断提高垄断价格，以期获取最大的垄断利润。这时，市场配置资源的效率会不断下降，并最终造成社会福利损失。这种自然垄断的局面在社会资本有机构成较高的领域中更容易出现。

从政府垄断来看，某些政府直接控制的部门如铁路、航空、城市供水供电、邮政、通信等部门，其产品和服务的价格是由政府制定的，并不具有市场定价的机制。这些部门的资本有机构成一般较高，一旦通过投资形成生产能力，在一定范围内增加单位产品和服务的提供并不需要增加过多的追加成本。再加上这些产品和服务具有很强的地域性，很难在全社会实现真正的流动，因而市场定价机制几乎难以真正地发挥作用。无论这些政府垄断部门价格定得是高是低，都难以体现市场的效率。

## （四）信息不充分

信息不充分包括信息不完全和信息不对称两方面。信息不完全是指市场交易的双方不能掌握与交易相关的全部信息。信息不对称是指市场交易的双方所掌握的与交易相关的信息是不同的。信息不对称既包括交易双方掌握信息量的不同（不对称），也包括交易双方获取信息渠道的不同（不对称）。当交易双方中的一方由于各种因素的影响掌握的信息量大大多于另一方掌握的信息量时，就会出现信息的不对称。这时的市场将不是一个完全公开与公正的市场。在这种情况下，市场主体无法通过信息的获取了解市场的基本状况和其他市场主体的状况。具体而言，厂商无法准确了解市场需要什么样的商品以及需要多少，消费者也难以对市场所提供的商品做出准确的评估，也就难以决定自身所能接受的商品及服务的价格与数量。在信息不对称的情况下，交易一方，也就是信息优势方，即信息占有量较大的一方，就有可能运用各种途径利用自身的信息优势，损害交易另一方的利益，获取自身的更大利益，从而产生"逆向选择"和"败德行为"，造成整个市场对社会资源配置效率的降低。

## （五）社会分配不公

前述各项市场失灵的表现基本上属于资源配置领域的市场失灵。资源配置领域的市场失灵可以看作市场失灵的主要表现，但市场失灵并不局限于资源配置领域，因为市场经济活动的领域本身就不局限于资源配置领域，收入分配不公本身则属于社会分配领域产生的市场失灵。

市场经济本身强调的是资源配置的效率，它要求通过市场机制实现社会资源配置的高效率。这种资源配置的高效率主要是通过市场机制特别是竞争机制实现的。市场的竞争主要是效率的竞争，市场机制本身并不能过多地考虑社会收入分配的公平性。应当说，通过竞争实现社会资源配置的高效率是建立在生产要素的分布和供给均等的基础之上的。但事实上，生产要素的分布与供给本身并不见得是均等的，有时甚至是很不均等的。这就使得完全市场竞争虽然能够提供竞争过程的公平，但不足以保证结果的公平。如果初始要素禀赋均等，即生产要素的分布与供给是均等的，每一位社会成员在财富的拥有及体力与智力等劳动技能方面不存在差异，那么在公平竞争过程公平的基础上，有可能实现结果的公平。但现实情况却是，劳动者拥有的财富以及劳动者体力与智力等劳动技能方面不可能没有差异。这种起点的不公平必然使得完全市场竞争即使能够保证过程的公平，也很难保证结果的公平。也就是说，在市场经济高效率配置社会资源的情况下，其收入分配却有可能是不公平的。

当市场经济无法解决社会收入分配不公问题，并且社会收入分配不公问题超出了社会所公认的公平准则的要求时，便有可能带来一系列的社会问题，出现诸如贫困、财富的损失与浪费等社会问题，严重时甚至可能出现社会冲突，破坏社会稳定。社会分配不公导致的市场失灵也使得政府介入市场经济活动、调节社会收入分配、推行社会保障制度等有其必要性。

此外，诸如失业、通货膨胀、通货紧缩以及优效品的提供等也都是市场失灵的具体表现。

市场失灵决定了政府干预的必要，市场失灵的范围决定了政府干预的程度。这就是说，政府介入市场经济领域也必然有一个限度，只有市场存在失灵时，才有政府干预的必要，否则就会出现政府失灵，因为市场配置资源的低效率并不能证明政府配置资源一定会取得高效率。也可以说，市场竞争的效率决定了政府介入市场经济领域的规模和范围。市场失灵的存在导致通过市场配置社会资源的效率出现了损失，而政府介入市场经济活动必须有规模和范围的限制。市场在自身各种规律的制约下，在资源配置中仍然可以表现出高效率的一面。

## 二、提供公共产品和服务的财政

人们在社会中生存，不可避免地要接触很多经济现象和经济活动。这些经济现象或经济活动大体上可以归集到相对独立的两个领域当中。首先，人们在社会中生存与发展需要物质产品和各种服务的支持。生产与提供包括粮食、衣物、住宅、家电在内的各种物质产品，以满足人们生存与发展的需要。这些物质产品和服务是通过市场经济领域生产与提供的。市场经济领域也称为私经济领域或竞争性领域，是人们所能接触到的广泛存在的经济活动领域。在市场经济条件下，市场经济领域的活动受价值规律、供求关系等多种经济规律的影响和制约。在这些经济规律的影响与制约下，市场经济领域可以高效率地配置社会资源，为社会成员的生存与发展提供物质产品和各种服务的支持。市场经济领域是满足人们生存与发展不可或缺的经济活动领域。但是我们必须看到，仅有市场经济领域的存在，并不能满足人们生存与发展的全部需要。无论是社会成员个体的生存与发展，还是整个社会的生存与发展，除了得到市场领域的支持之外，还必须得到另一个领域的支持，这个领域就是政府经济领域（也称为公经济领域或非竞争性领域），政府的经济活动同样为社会提供某些社会物质产品和服务。政府领域是满足人们生存与发展的另一个不可或缺的社会经济活动领域。政府领域提供的产品和服务，最典型的是国防、行政管理、司法、公安以及社会保障等公共产品和服务。

在现实经济生活中，真正纯粹的公共产品并不多见，许多政府提供的产品事实上都属于混合产品。从辨别私人产品与公共产品的标准来看，混合产品可以分为两大类。一类混合产品是具有非竞争性但具有排他性的产品。这种产品不具有竞争性，在一定范围内每增加一个消费者，其边际成本并不增加，但是该种产品在技术上和经济上可以做到排他性，如社会公共设施、医疗卫生、教育、科研等。对这类混合产品，可以通过收费使其具有排他性，并且可以将不愿付款的人排除在收益之外。另一类混合产品是具有竞争性但不具有排他性的产品。这种混合产品在技术上无法做到排他性，或者虽然在技术上可以做到排他性，但这种排他的成本过高而在经济上是不可行的。这类混合产品最典型的有公共草原、公共海域等公共资源。由于无法做到排他性，谁都可以享受该项混合产品带来的好处。因此，此类混合产品必须解决"搭便车"的问题，否则可能导致最终谁都无法享受到该项混合产品的收益。例如，一片公共草场作为混合产品无法做到排他性，谁都可以在草场上放牧，但如果大家都觉得这是无偿的收益，都到这片草场上放牧，无限度放牧的结果，则可能因羊群过多而导致草场的破坏和沙漠化，最终谁也无法享受该项混合产品的收益。

混合产品具有私人产品和公共产品的双重特征，因此，它既有可能由政府提供，也有可能由市场提供。混合产品到底应当由市场提供还是应当由政府提供，应根据不同的情况具体分析。

对一般的混合产品诸如城市基础设施、医疗卫生、教育等，应当考虑政府提供和市场提供两种方式各自的净收益。比如，城市道路如果由政府提供，所用资金为税收，社会成员可以免费通行，这就是一种公共产品；如果由市场提供，所用资金为私人投资，社会成员必须付费才能通行，这就是一种私人产品。两种方式都可以提供道路，因此，应当对两种方式各自的成本费用与收益进行分析，最终确定净收益。如果政府提供的净收益大于私人提供的净收益，就应当由政府提供；如果市场提供的净收益大于政府提供的净收益，则应当由市场提供。当然，进行比较时还应注意混合产品外部效应的大小。如果通过市场提供混合产品，则必须注意在一般情况下市场仅仅考虑私人成本与收益，而不考虑这种产品可能为社会带来的外部效应。如果市场提供的混合产品具有正的外部效应，则可能出现供应不足的状况；如果市场提供的混合产品具有负的外部效应，则可能出现供应过多的状况，政府应当通过收费或补贴的方式加以矫正。

应当指出，混合产品虽然具有私人产品和公共产品的双重特征，但在一般情况下这种双重特征的表现也存在着差异。有些混合产品可能私人产品的特征明显一些，而有些混合产品则可能公共产品的特征明显一些；有些混合产品具有较强的外部效应，有些混合产品外部效应则较弱。在决定混合产品的提供时应当有针对性地考虑。比如，教育是一种混合产品，但教育可以分为义务教育和非义务教育，非义务教育又可以包括高等教育和职业教育，不同的教育具有明显不同的特点。义务教育的公共性表现得更强，外部效应也更大，更具有公共产品的特点；而非义务教育如高等教育和职业教育的私人产品特点更为突出，教育成本与教育收益之间的联系更为直接，外部效应相对较小。

由上述分析可知，政府经济领域和市场经济领域同时为社会提供物质产品和服务，而物质产品和服务的提供必然消耗社会资源，因而有限的社会资源必须同时分别配置在两个领域当中。两个领域利用自身不同的规则对社会资源进行利用后，分别提供不同的物质产品和服务，以满足社会成员不同的需要。正因为如此，我们必须分析和研究两个领域对资源利用的不同特点，研究两个领域提供物质产品和服务的不同的内在规律，揭示两个领域之间的相互关系，进而说明哪些物质产品和服务应当由市场经济活动提供、哪些物质产品和服务应当由政府经济活动提供。应当说，市场与政府的关系以及市场经济领域和政府经济领域各自提供物质产品和服务的不同内在规律和不同特点，是研究财政学的主要理论基础。财政学的研究对象其实就是政府经济活动的内在规律以及政府经济活动与市场经济活动的关系。

近几年来，国家财政越来越强调"公共财政"的特征。应当指出，"财政"这个词本身已经具有公共性的特征，这里的公共财政是作为一种财政运行模式提出来的，可以看作是与市场经济体制相适应的财政运行模式。市场经济体制下的财政主要是为社会提供公共产品满足社会公共需要的财政，是纠正和解决市场失灵的财政。构建公共财政，需要理顺政府与市场的关系，解决越位与缺位并存的问题；同时，建立符合公共财政要求的财政支出体系，以公共财政的职责为基础，以"公平优先，兼顾效率"为原则，以满足社会公共需要为目标。

在发展公共财政的同时，国家还强调"民生财政"在保障人民权益、改善人民生活方面的运用和转变。民生财政，就是以提供人民生活所必需的公共产品和公共服务为己任的财政。民生财政表现为在整个财政支出中，用于教育、医疗卫生、社保和就业、环保、公共安全等民生方面的支出占到相当高的比例，甚至处于主导地位。随着经济和社会的发展，民生问题的重点也在动态地发展。改革开放初期民生问题主要是解决城乡居民的温饱，而现在民生问题已经涵盖了收入分配、社会保障、就业、教育、医疗、住房等更高要求的内容，体现在财政加大对社会保障建设的补助、加大个人所得税的征缴力度以调节收入分配、加大对基础教育的投入以保障贫困人群的受教育权等方面。

# 第二章 财政支出与财政收入

## 第一节 财政支出及财政收入概念

### 一、财政支出概念

财政支出是在市场经济条件下，政府为提供公共产品和服务，满足社会共同需要而进行的财政资金的支付，是政府进行宏观调控的重要手段之一，可以影响社会总供求的平衡关系和经济的发展状况。财政支出是政府施政行为选择的反映，是各级政府对社会提供公共产品的财力保证，体现着政府政策的意图，代表着政府活动的方向和范围。

#### （一）财政支出的含义、原则和分类

1. 财政支出的含义

财政支出也称公共财政支出，是指在市场经济条件下，政府为提供公共产品和服务，满足社会共同需要而进行的财政资金的支付。财政支出是政府为实现其职能对财政资金进行的再分配，属于财政资金分配的第二阶段。国家集中的财政收入只有按照行政及社会事业计划、国民经济发展需要进行统筹安排运用，才能为国家完成各项职能提供财力上的保证。

目前，我国的财政支出发生了很大变化。首先是我国财政正在大幅度地退出"生产领域"，大幅度地减少了直接的经济建设支出，从而相应地减少了政府直接干预经济活动的范围和程度，为市场因素的发展壮大留下了一定的空间。同时，财政大量减少了营利性投资，其投资主要投向公共支出方面。例如，20世纪80年代的财政大力筹集资金安排"能源交通重点建设"项目的投资，其形成的基础设施和生产能力是为所有经济主体活动服务的，它具有很强的公共投资性质。20世纪90年代末，政府实行的积极财政政策，财政支出更是以基础设施投资为主要内容，同时也为经济发展提供了诸如行政事业经费和基础设

施方面的财政支出。这样一来，我国的财政支出就在自身不断公共化的过程中，相应地以自己的公共服务支持和促进了市场经济体制的形成和壮大。

### 2. 财政支出的原则

所谓财政支出原则，是指政府在安排财政支出过程中应当遵循的、具有客观规律性的基本原则。财政支出是财政分配的重要环节，财政支出规模是否合理、财政支出结构是否平衡、财政资金使用效益的高低等问题，直接影响到政府各项职能的履行。为保证财政资金的合理分配与有效使用，使财政支出在国民经济运行中发挥更重要的作用，在安排和组织财政支出时应遵循一定的原则。

财政支出原则对合理有效地使用财政资金是十分重要的。理论界对财政支出原则的探讨从来没有停止过。计划经济时期，财政支出原则为：量入为出、统筹兼顾、厉行节约。市场经济时期，财政支出原则为：效率、公平、稳定。同时，学者们在财政支出的管理方面也做了很多研究，针对安排支出过程中遇到的主要问题如总量平衡、结构平衡、效益问题，提出了财政支出的管理原则。

这两套原则的出发点不同，但都能够指导财政支出的安排。本书将两者结合起来，都作为现阶段财政支出的原则。综合以上观点，现阶段财政支出应遵循量入为出与量出为入相结合原则以及公平与效率兼顾原则。

(1) 量入为出与量出为入相结合原则

量入为出是指在财政收入总额既定的前提下，按照财政收入的规模确定财政支出的规模，支出总量不能超过收入总量，即以收定支、量力而行。量出为入是指应考虑国家最基本的财政支出需要来确定收入规模。量出为入肯定了政府公共支出保持必要数量的重要作用。

作为财政支出的原则，应该将量入为出与量出为入结合起来。从量入为出与量出为入原则的相互关系看，应当肯定量入为出是一国实现财政分配的相对稳定、防止财政支出不平衡和因此产生的社会经济问题的最终选择。因此，量入为出原则具有普遍的实践意义，是政府安排财政支出必须坚持的基本准则，也是实现量出为入原则的基础。而量出为入原则是随着国家社会的发展，以及对政府在资源配置上的重要地位的肯定，为保障必不可少的公共支出的需要而形成的，但并不是指政府可以任意扩大财政支出。在现代社会中，只有把量入为出与量出为入的财政支出原则有效地结合起来，才能既避免财政分配的风险，又有利于政府公共职能的实现。

(2) 公平与效率兼顾原则

国家经济建设各部门和国家各行政管理部门的事业发展需要大量的资金，财政收入与支出在数量上的矛盾不仅体现在总额上，还体现在有限的财政资金在各部门之间的分配。财政支出的安排要处理好积累性支出与消费性支出的关系、生产性支出与非生产性支出的关系，做到统筹兼顾、全面安排。

兼顾公平与效率是评价一切社会经济活动的原则。在财政支出活动中也存在公平和效率，也应该遵循公平与效率兼顾的原则，不能只顾某一方面而忽视另一方面，但是在具体的政策实施中，一国政府可以根据一定时期的政治经济形势侧重于某一方面。财政支出的效率是与财政的资源配置职能相联系的。财政在利用支出对资源进行配置时，要实现社会净收益最大化，这样的资源配置才是有效率的，即当改变资源配置时，必须控制和合理分配财政支出，要有评价财政支出项目和方案的科学方法和制度保证，安排财政支出的结果要能实现社会净效益最大化。财政支出的公平是与财政的收入分配职能相联系的。收入分配的目标就是实现公平分配，但是市场在对社会成员的收入进行初次分配时，主要是以要素贡献的大小来确定其报酬或价格水平的，其结果可能导致社会成员收入分配产生巨大差距。财政的收入分配职能就是通过财政的再分配活动，压缩市场经济领域出现的收入差距，将收入差距维持在社会可以接受的范围内。对一个社会来说，在强调经济效率的同时不能忽视社会公平的重要性。社会经济的稳定与发展是资源有效配置和收入合理分配的综合结果，实际上也是贯彻公平和效率兼顾的结果，因此，社会经济的稳定与发展是兼顾公平与效率的体现。

3. 财政支出的分类

在财政实践中，财政支出总是由许多不同的、具体的支出项目构成的。对财政支出进行不同角度的分类，就是对政府是以什么形式向社会提供公共产品（或劳务）进行考察，以便正确区分各类财政支出的性质，揭示财政支出结构的内在联系，进而对财政支出运行效益进行分析和比较。然而，在国际上，财政支出的分类并没有统一的标准。人们出于对财政支出进行分析研究及管理的不同需要，常常采用不同的方法或角度进行分类。

(1) 按经济性质分类

按财政支出的经济性质，即按照财政支出是否能直接得到等价的补偿进行分类，可以把财政支出分为购买性支出和转移性支出。各种财政支出无一例外地表现为资金从政府手中流出，但不同性质的财政支出对国民经济的影响却存在着差异。

购买性支出又称消耗性支出，是指政府用于购买为执行财政职能所需要的商品和劳务的支出，包括购买进行日常政务活动所需要的或者进行政府投资所需要的各种物品和劳务的支出。它是政府的市场性再分配活动，对社会生产和就业的直接影响较大，执行资源配置的能力较强。在市场上遵循定价交换的原则，因此购买性支出体现的财政活动对政府能形成较强的效益约束，对与购买性支出发生关系的微观经济主体的预算约束是硬约束。这种支出的特点是政府遵照等价交换的原则，一手付出资金，一手购得了商品和劳务，其目的是行使国家职能，满足社会公共需要。

转移性支出是指政府按照一定方式，将一部分财政资金无偿地、单方面地转移给居民、企业和其他受益者所形成的财政支出，主要由社会保障支出和财政补贴组成。它是政府的非市场性再分配活动，对收入分配的直接影响较大，执行收入分配的职能较强。事实上,转移性支出所体现的是一种以政府和政府财政为主体,并以它们为中介者,在不同社会成员之间进行资源再分配的活动。因此,西方国家在国民经济核算中将此类支出排除在国民生产总值或国民收入之外。

购买性支出和转移性支出的差别表现在以下方面:第一,购买性支出通过支出使政府掌握的资金与微观经济主体提供的商品和服务相交换,政府直接以商品和服务的购买者身份出现在市场上,对社会的生产和就业有直接的影响,并间接影响收入分配。转移性支出是通过支出使政府所有的资金转移到受益者手中,是资金使用权的转移,微观经济主体获得这笔资金以后,是否用于购买商品和服务、购买哪些商品和服务,均已脱离了政府的控制。因此,此类支出直接影响收入分配,而对生产和就业的影响是间接的。第二,在安排购买性支出时,政府必须遵循等价交换原则,此时的财政活动对政府形成较强的效益约束。在安排转移性支出时,政府并没有十分明确的原则可以遵循,且财政支出效益难以衡量。因此,此时的财政活动对政府的效益是软约束。第三,由于微观经济主体在同政府的购买性支出发生联系时必须遵循等价交换原则,向政府提供商品和服务的企业的收益大小,取决于市场供求状况及其销售收入同生产成本的对比关系。所以,对微观经济主体的预算是硬约束。而微观经济主体在同政府的转移性支出发生关系时,并无交换发生,它们收入的高低在很大程度上并不取决于自己的能力(或生产能力),而取决于同政府讨价还价的能力,对微观经济主体的预算是软约束。

由此可见,在财政支出总额中,购买性支出所占的比重越大,政府所配置的资源规模就越大,财政活动对生产和就业的直接影响就越大;反之,转移性支出所占的比重越大,财政活动对收入分配的直接影响就越大。联系财政的职能来看,购买性支出占较大比重的财政支出结构,执行配置资源的职能较强,转移性支出占较大比重的财政支出结构,则执行收入分配的职能较强。改革开放前后,我国财政支出结构发生了明显的变化。在改革开放之前,购买性支出占绝对优势,1980年以前平均占96.6%,表现出财政具有较强的资源配置职能。改革开放之后,转移性支出所占的比重大幅度上升,并一直保持比较稳定的比例,说明财政的收入分配职能得到加强。

(2)按国家行使职能范围分类

按国家行使职能范围对财政支出分类,可将财政支出划分为经济建设费、社会文教费、国防费、行政管理费和其他支出五大类。按国家行使职能的范围对财政支出分类,能够看出国家一定时期内执行哪些职能、哪些是这一时期国家行使职能的侧重点,可以在一定时期内对国家财政支出结构进行横向比较分析。

①经济建设支出

具体包括:基本建设投资支出、挖潜改造资金、科技三项费用(新产品试制费、中间试验费、重要科研补助费)、简易建筑费、地质勘探费、增拨流动资金、支农支出、工交商事业费、城市维护费、物资储备支出等;

②社会文教支出

包括:文化、教育、科学、卫生、出版、通信、广播电视、文物、体育、海洋(包括南北极）研究、地震、计划生育等项支出；

③国防支出

包括：各种军事装备费、军队人员给养费、军事科学研究费、对外军事援助、武装警察、民兵费、防空费等；

④行政管理支出

包括：国家党政机关、事业单位、公检法司机关、驻外机构各种经费、干部培养费（党校、行政学院经费）等。

按国家职能对财政支出进行分类，能够揭示国家执行了哪些职能。通过对一个国家的支出结构做时间序列分析，便能够揭示该国的国家职能发生了怎样的演变；对若干国家在同一时期的支出结构做横向分析，则可以揭示各国国家职能的差别。

（3）按财政支出产生效益的时间分类

按财政支出产生效益的时间分类可以分为经常性支出和资本性支出。

经常性支出是维持公共部门正常运转或保障人们基本生活所必需的支出，主要包括人员经费、公用经费和社会保障支出。特点是它的消耗会使社会直接受益或当期受益，直接构成了当期公共物品的成本，按照公平原则中当期公共物品受益与当期公共物品成本相对应的原则，经常性支出的弥补方式是税收。

资本性支出是用于购买或生产使用年限在一年以上的耐久品所需的支出，其耗费的结果将形成供一年以上的长期使用的固定资产。它的补偿方式有两种：一是税收，二是国债。

（4）按国际货币基金组织标准分类

按国际货币基金组织划分的标准，财政支出可以划分为两类：一类按职能分类，另一类按经济分类。按职能分类的财政支出包括：公共服务支出、国防支出、教育支出、保健支出、社会保障和福利支出、住房和社区生活设施支出、其他社会和社会服务支出、经济服务支出、无法归类的其他支出。按经济分类，财政支出包括经常性支出、资本性支出和净贷款（财政性贷款）。

## （二）财政支出范围与财政支出规模

1. 财政支出范围

（1）财政支出范围的概念

财政支出范围是指政府财政进行投资或拨付经费的领域。这与政府的职能范围（或称事权范围）密切相关。

在集中统一的计划经济时期，政府财政支出无所不包，政府包揽一切，似乎只要政府管辖的领域都是财政支出的范围，特别是竞争性国有企业，都成为财政支出的范围和对象。可见财政支出在计划经济下是包罗万象的。在社会主义市场经济体制下，这个支出的范围才逐步引起人们重视。一般认为，市场经济下财政支出的范围应以弥补市场缺陷，矫正市场失灵的领域为界限，即社会公共需要支出的范围。从资源配置角度看，财政支出应以非竞争性、非排他性的公共物品的生产以及具有不充分竞争性和不完全的排他性的混合产品的领域生产为界限。简要来说，财政支出的范围应在保证社会公共需要的范围内。

（2）我国的财政支出范围

目前，我国财政支出包括以下基本内容：

①维护国家机构正常运转的支出需要

维护国家机构正常运转的支出需要即保证国防外交、行政管理、社会治安（公检法）等方面的支出（含人员经费和公用经费、设备经费等）。这是古今中外所有类型的财政支出的共性，是财政支出的第一顺序。

②用于公共事业、公共福利的支出

用于公共事业、公共福利的支出，如普及教育、基础科学研究、社会保障、卫生防疫、环境治理和保护等方面公共需要支出。这些领域公共需要方面支出，并不排斥私人资金加入，但主要由国家提供相关的财政支出。这是财政支出的第二顺序。

③基础设施和基础产业方面的投资

基础设施和基础产业一般规模大、周期长、耗费多，而且往往跨地区（如海河流域的治理），对全国产业结构和生产力布局有突出意义，而私人企业又难以承担，主要应由国家财政支出。这是财政支出的第三顺序。

其他生产竞争性产品的国有企业、事业方面的投资，均不是财政支出的范围，而是由市场解决。

2. 财政支出规模

财政支出的规模及其变化，直接关系到对财政与市场关系的认识和分析，因而是必须关注的重要问题之一。

（1）财政支出规模的衡量

财政支出规模，是指在一定时期内（预算年度）政府通过财政渠道安排和使用财政资金的绝对数量及相对比率，即财政支出的绝对量和相对量，它反映了政府参与分配的状况，体现了政府的职能和政府的活动范围，是研究和确定财政分配规模的重要指标。衡量财政支出规模的指标有两种：一是绝对指标，二是相对指标。

绝对指标是以一国货币单位表示的财政年度内政府实际安排和使用的财政资金的数额。绝对指标的作用表现为：第一，它是计算相对指标的基础；第二，对绝对指标从时间序列加以对比可以看出财政支出规模发展变化的趋势。由于不同国家以及一个国家不同经济发展时期的经济发展水平存在很大的差异，所以虽然经常用财政支出的绝对量来分析财政支出的规模，但把它作为不同国家的衡量指标用以分析财政支出的规模，显然是很困难的。因此，衡量和考察财政支出的指标通常是以财政支出的相对量来表示，它既可以用作不同国家财政支出规模的分析比较,也可以用作一个国家不同时期内财政支出规模的对比分析。它可以反映一个国家的经济发展水平、政府职能范围的大小等。

相对指标是绝对指标与有关指标的比率。相对指标的作用表现为:相对指标本身可以反映政府公共经济部门在社会资源配置过程中的地位;通过指标的横向对比,可以反映不同国家或地区的政府在社会经济生活中的地位的差异;通过指标的纵向比较,可以看出政府在社会经济生活中的地位和作用变化及发展的趋势。

(2) 影响财政支出规模的主要因素

结合当今世界各国财政支出变化的现实情况,影响财政支出规模大小的主要因素有以下几种:

①经济性因素

经济性因素主要指经济发展的水平、经济体制的选择和政府的经济干预政策等。关于经济发展的水平对财政支出规模的影响,马斯格雷夫和罗斯托的分析具体说明了经济不同的发展阶段对财政支出规模以及支出结构变化的影响,这些分析表明经济发展因素是影响财政支出规模的重要因素。经济体制的选择也会对财政支出规模发生影响,最为明显的例证便是我国经济体制改革前后的变化。政府的经济干预政策也对财政支出规模产生影响,就一般而言,这无疑是正确的。但应当指出的是,若政府的经济干预主要是通过管制而非通过财政的资源配置活动或收入的转移活动来进行,它对支出规模的影响并不明显。因为,政府通过管制或各种规则对经济活动的干预,并未发生政府的资源再配置或收入再分配活动,即财政支出规模基本未变。显然,政府通过法律或行政的手段对经济活动的干预与通过财政等经济手段对经济活动的干预,具有不同的资源再配置效应和收入再分配效应。

②政治性因素

政治性因素对财政支出规模的影响主要体现在两方面:一是政局是否稳定;二是政体结构的行政效率。当一国政局不稳,出现内乱或外部冲突等突发性事件时,财政支出的规模必然会超常规地扩大。至于后者,若一国的行政机构臃肿、效率低下,经费开支必然增多。

③社会性因素

社会性因素如人口状态、文化背景等因素,也在一定程度上影响着财政支出规模。发展中国家人口基数大、增长快,相应地教育、保健以及救济贫困人口的支出压力便大;而在一些发达国家人口出现老龄化问题,公众要求改善社会生活质量等,也会对支出提出新的需求。因此,某些社会性因素也影响财政支出的规模。

### (三) 财政支出效益分析

1. 财政支出效益的内涵

财政支出效益是指政府为满足社会共同需要进行的财力分配与所取得的社会实际效益

之间的比例关系，基本内涵是政府资源分配的比例性和政府资源运用的有效性。财政支出效益好时，财政支出产生的成果较多或者取得一定的成果所耗用的财政资金较少。

理解财政支出效益的内涵应把握两方面：第一，财政支出的外在合比例性是衡量财政支出效益的前提。所谓"外在合比例性"，是指通过政府渠道分配的资源总量在整个社会经济资源合理有效配置中的客观比例要求。第二，财政支出的内在合比例性是衡量财政支出效益的根本标准。所谓"内在合比例性"，是指在财政支出外在合比例的基础上，财政支出在不同性质、不同类型的社会共同需要之间的分配比例合理，其实质是财政支出在不同支出构成要素之间的分配比例合理。内在合比例性反映了财政内部的分配结构状况。

**2. 财政支出效益的评价方法**

财政活动本身是一个非常重要的资源配置过程，为此，必须研究其资源配置的效率问题。通常是从三个层次来考察财政资源配置的效率：一是资源在公、私部门之间的配置效率；二是资源在不同财政支出项目上的配置效率；三是资源在每一支出项目上的使用效率。与这种分层次相对应的分析方法有：第一层次的财政支出效率考察适用"社会机会成本"分析法；第二层次和第三层次的财政支出效率考察适用"成本—效益分析法""最低费用选择法"和"公共定价法"。

（1）机会成本分析法

机会成本分析法是指在无市场价格的情况下，资源使用的成本可以用所牺牲的替代用途的收入来估算。由于使用或消耗一定量的经济资源就可以向社会提供一定量的某种产品或服务，获得一定量的经济效益，所以公共部门的资源配置是有机会成本的。这种机会成本就是私人部门因公共部门配置资源而少占和少使用这部分资源所少向社会提供的产品或服务量、少获得的经济收益量。如何确定公共部门配置资源数量的合理性，进而确定公、私部门配置资源比例的合理性，是事关整个社会资源配置效率高低的根本性问题。

（2）成本—效益分析法

所谓成本—效益分析法，就是针对政府确定的项目目标，提出若干建设方案，详列各种方案的所有预期成本和预期效益，并把它们转换成货币单位，通过比较分析，确定该项目或方案是否可行。

（3）最低费用选择法

最低费用选择法，是指只计算每项备选项目的有形成本，并以成本最低为择优的标准。运用这种方法确定最优支出方案，技术上不难做到，难点在于备选方案的确定，因为所有备选方案应能无差别地实现同一个既定目标，据此再选择费用最低的方案，但要做到这一点是很困难的。

（4）公共定价法

公共定价法是针对政府提供的满足社会公共需要的"市场性物品"，通过选择适当的定价方法，合理地确定价格，从而使这些物品和服务得到最有效的使用，提高财政支出效益的一种方法。它包括纯公共定价和管制定价两方面，主要适用于成本易于衡量、效益难以计算但可以部分或全部进入市场交易的项目。纯公共定价，即政府直接制定自然垄断行业（如能源、通信、交通等公用事业和煤、石油等基本品行业）的价格。管制定价是指政府规定竞争性管制行业（如金融、教育、保健等行业）的价格。政府通过公共定价法，能够提高整个社会资源的配置效率，使这些产品和服务得到最有效的使用，从而提高财政支出的效益。

## 二、财政收入概述

### （一）财政收入的含义

财政收入又称公共收入，是指一国政府为了满足其财政支出的需要而参与社会产品分配，自企业、家庭取得的所有收入。财政收入的定义可以从不同角度加以描述，从而有了广义和狭义的区别。所谓广义的财政收入，包括政府的一切进项或收入，主要有税收收入、国债收入、国有资产收入和各种行政收入等。所谓狭义的财政收入，仅仅指政府每年的"定期收入"，即被称为"岁入"的收入，只包括税收收入和除国债外的非税收入，如规费、管理费、政府提供劳务的工本费、公产收入及国内外援助收入等。财政收入是衡量一国政府财力的重要指标，政府在社会经济活动中提供公共物品和服务的范围和数量，在很大程度上取决于财政收入的充裕状况。

财政收入对国民经济运行和社会发展具有重要影响：首先，财政收入是国家各项职能得以实现的物质保证，一个国家财政收入规模的大小是衡量其经济实力的重要标志。其次，财政收入是国家对经济实行宏观调控的重要经济杠杆。宏观调控的首要问题是社会总需求与总供给的平衡问题，实现社会总需求和总供给的平衡，包括总量上的平衡和结构上的平衡两个层次的内容。财政收入杠杆既可以通过增收或减收来发挥总量调控作用，又可以通过对不同财政资金缴纳者财政负担大小的调整，来发挥结构调整的作用。最后，财政收入可以调整国民收入初次分配形成的格局，缩小贫富差距，是实现社会财富公平合理分配的主要工具。

为了深入研究影响财政收入的各种因素，探寻增加财政收入的主要途径，加强对财政收入的管理，需要根据各种财政收入的特点和性质，对财政收入的内容进行一定的分类。

### （二）财政收入分类的依据

财政收入分析可以从多个角度进行，如可以从财政收入的形式、来源、规模和结构等多个角度进行分析。而诸种分析顺利进行的首要条件是要对财政收入科学地分类。财政收入分类的必要性源于财政收入的复杂性。如从财政作为以国家为主体的分配活动的角度来看，应将财政收入理解为一个分配过程，这一过程是财政分配活动的一个阶段或一个环节，在其中形成特定的财政分配关系。在商品货币经济条件下，财政收入是以货币来度量的，从这个意义上来理解，财政收入又是一定量的货币收入，即国家占有的以货币表现的一定量的社会产品的价值，主要是剩余产品价值。

具有理论和实践价值的分类似乎应合乎两方面的要求：一是要与财政收入的性质相吻合。财政收入具有两重性质：第一，财政收入是一定量的公共性质的货币资金，即通过一定筹资形式和渠道集中起来的由国家集中掌握使用的货币资金，是国家占有的以一定量的货币表现的社会产品价值，主要是剩余产品价值。第二，财政收入又是一个过程，即组织收入、筹集资金的过程，它是财政分配的第一阶段或基础环节。所以，财政收入分类应能体现这一特点。二是要同各国实际相适应。如我国是发展中的社会主义国家，经济中的所有制结构和部门结构与其他国家有较大的差别，财政收入的构成自然也与其他国家不同，财政收入的分类必须反映这一现实。按照上述分类的要求，我国财政收入分类应同时采用两个不同的标准：一是以财政收入的形式为标准，主要反映财政收入过程中不同的征集方式以及通过各种方式取得的收入在总收入中所占的比重；二是以财政收入的来源为标准，主要体现作为一定量的货币收入从何取得，并反映各种来源的经济性质及其变化趋势。

## （三）财政收入的分类

### 1. 按照财政收入形式分类

按照财政收入形式分类，是指以财政收入的形式为标准进行分类。收入依据不同，财政收入的表现形式也不同。通常，把财政收入分为税收和其他收入两大类。这种分类的好处是突出了财政收入中的主体收入，即国家凭借政治权力占有的税收。税收收入的形成依据的是国家的政治管理权，它在财政收入中占据主导地位，为一般的财政支出提供基本的资金来源，同时也是政府实施经济管理和调控的重要手段。其他形式的财政收入可以统称为非税收入，各有其特定的形成依据，反映不同的收入关系，在财政收入中所占份额相对较小。按照财政收入形式进行分类，主要应用于分析财政收入规模的增长变化及其增长变化的趋势。2015年1月1日，正式实行新的《中华人民共和国预算法》，预算中的一般公共预算收入包括各项税收收入、行政事业性收费收入、国有资源（资产）有偿使用收入、转移性收入和其他收入。

（1）税收收入

税收是政府为实现其职能的需要，凭借其政治权利并按照特定的标准，强制、无偿地取得财政收入的一种形式。通过税收筹集收入去购买及生产政府所提供的产品和服务过程中所必需的投入要素，或者在一国公民或居民间进行购买力的再分配。税收无论是在哪一种社会形态下都是国家筹集财政收入的主要来源，是一国政府的重要经济支柱。

在我国，税收收入按照征税对象可以分为五类税，即流转税、所得税、财产税、资源税和行为税。其中，流转税是以商品交换和提供劳务的流转额为征税对象的税收，是我国税收收入的主体税种，占税收收入的60%多，主要税种有增值税、营业税、消费税、关税等。所得税是指以纳税人的所得额为征税对象的税收，我国目前已经开征的所得税有个人所得税、企业所得税。财产税是指以各种财产（动产和不动产）为征税对象的税收，我国目前开征的财产税有土地增值税、房产税、土地使用税、契税。资源税是指对开发和利用国家资源而取得级差收入的单位和个人征收的税收。行为税是指对某些特定的经济行为开征的税收，其目的是为了贯彻国家政策的需要，目前我国的行为税类包括印花税、城市维护建设税等。

在市场经济体制下，税收可以作为政府最有效的财政政策工具，对经济进行宏观调控，实现社会经济资源的优化配置，以达到社会经济稳步发展等目标。税收的这种经济调控职能加强了它在财政收入主要形式中的地位。目前在我国，税收收入占全部财政收入的90%左右，是财政收入的最主要形式。

（2）国有资源（资产）有偿使用收入

国有资源（资产）有偿使用收入是指国家凭借对国有资产的所有权，从国有资产经营收入中所获得的经济利益，其来源是国有企业或国家参股企业的劳动者在剩余劳动时间内为社会创造的剩余产品价值。目前，国有资产收益的形式与数量，主要取决于国有资产管理体制与经营方式。国有资产收益又可以有不同的分类：①国有资产收益按其形成来源划分，包括经营性收益和非经营性收益。区分经营性收益和非经营性收益，可以使我们客观评价企业的经营业绩，制定相应的收益分配政策，防止分配中产生不公平现象，对不合理的收入进行限制，实施有效的收入分配调节。②国有资产收益按财政管理体制划分，可分为中央收益和地方收益。合理划分中央收益和地方收益，充分发挥中央和地方两个积极性，建立中央政府和地方政府分别代表国家履行出资人职责，享有所有者权益、权利、义务和责任相统一，管资产和管人、管事相结合的国有资产管理体制改革的要求，有利于调动地方政府在国有资产管理中的积极性。③国有资产收益按初次分配的结果划分，包括企业留存收益和企业上缴收益。

国有资产收益形式取决于国家对国有资产的经营方式。目前，我国国有企业的经营方式，按照资产所有权和经营权分离的程度不同，可以分为国家直接经营、国有企业的承包经营、国有企业的租赁经营和国有企业的股份经营等。在企业的经营方式不同的情况下，其向国家上缴收益的形式和途径也不相同。在国有企业实行利改税以前，国有企业上缴利润是财政收入的一个主要形式，实行利改税以后，利润在财政收入中的比重已经变小，主要依赖于企业所得税这种形式。税收和国有企业上缴利润体现两个不同的经济作用，税收体现的是国家凭借政治权力参与利润分配关系，这是一种刚性、统一、规范化的分配关系，体现社会利益。国有企业上缴利润则是国家作为生产资料所有者参与国有企业的利润分配，取得国家产权收益，这一层的分配关系是由国家和企业的财产关系派生的，其分配依据是财产权力，体现所有者利益。因此，国家和国有企业之间存在这样一种双重的分配关系。

（3）行政事业性收费收入

行政性收费收入是指国家机关、司法机关和法律、法规授权的机构，依据国家法律、法规和省以上财政部门的规定行使其管理职能，向公民、法人和其他组织收取的费用。例如：工商执照费、商标注册费、户口证书费、结婚证书费、商品检验费以及护照费。

（4）其他收入

其他收入在财政收入中占的比重不大，但包括的项目多、政策性强。

①罚没收入

罚没收入是指工商、税务、海关、公安、司法等国家机关和经济管理部门按规定依法处理的罚款和罚没品收入，以及各部门、各单位依法处理追回的赃款和赃物变价收入。

②国家资源管理收入

国家资源管理收入是指各单位经国家批准开采国家矿藏等资源，按规定向国家缴纳的管理费，如矿山管理费、沙石管理费等。

③公产收入

公产收入是指国有山林、芦苇等公产的产品收入，政府部门主管的公房和其他公产的租赁收入，以及公产变价收入等。

④专项收入

专项收入属于专款专用项目，同财政支出中的"专项支出"相对应，其目的是为了调动各级财政和有关部门组织专项收入的积极性，保证专项事业的发展。这项收入主要包括：征收排污费收入、征收城市水资源费收入、教育费附加收入等。

（5）转移性收入

如国际组织援助捐赠收入、对外贷款归还收入、收回国外资产收入、国有土地使用权有偿使用收入等。

**2. 按财政收入来源分类**

无论国家以何种方式参与国民收入分配，财政收入过程总是和该国的经济制度和经济运行密切相关。如果把财政收入视为一定量的货币收入，它总是来自国民收入的分配和再分配。经济作为财政的基础和财政收入的最终来源，对财政分配过程和财政收入本身具有决定性作用。按财政收入来源的分类，有助于研究财政与经济之间的制衡关系，有利于选择财政收入的规模和结构，并建立经济决定财政、财政影响经济的和谐运行机制。

按财政收入来源分类，包括两种不同的种类：一是以财政收入来源中的所有制结构为标准，将财政收入分为国有经济收入、集体经济收入、中外合营经济收入、私营经济或外商独资经济收入、个体经济收入等；二是以财政收入来源中的部门结构为标准，将财政收入分为工业部门和农业部门收入，轻工业部门和重工业部门收入，生产部门和流通部门收入，第一产业部门、第二产业部门和第三产业部门收入等。这种分类的目的主要是为了体现财政收入从何取得，反映各种收入来源的经济性质。

## 第二节 购买性及转移性支出

### 一、购买性支出

购买性支出又称为消耗性支出,是转移支出的对称,这类公共支出形成的货币流,直接对市场提出购买要求,形成相应的购买商品或劳务的活动。购买性支出,是指政府用于购买为执行财政职能所需要的商品和劳务的支出。购买性支出可以直接增加当期的社会购买力,并由政府直接占有社会产品和劳务,运用得当,有助于优化资源配置,提高资源的利用水平,但对国民收入分配只产生间接影响。当购买性支出在财政支出总额中占较大比重时,财政支出对经济运行的影响较大,执行资源配置的功能较强;当转移支出在财政支出总额中占较大比重时,财政支出对收入分配的影响较大,执行国民收入分配的功能较强。

政府购买性支出与市场经济中企业和个人的购买支出没有性质上的差别,都是等价交换,一方面是资金的付出,另一方面是商品和服务的购入。政府可以运用所购买的商品和服务,实现国家的职能。购买性支出直接表现为政府购买商品和服务的活动,包括购买进行日常政务活动所需的或用于国家投资所需的商品和服务的支出。前者如政府各部门的事业经费,后者如政府各部门的投资拨款。购买性支出包括两部分:一部分是购买各级政府进行日常行政事务活动所需的产品和劳务的支出;另一部分是各级政府用于公共投资的支出。因此,政府购买性支出大致可以分为消费性支出和投资性支出两部分。在我国目前的财政支出项目中,属于消费性支出的有行政支出、国防支出及文教科卫支出等;属于投资性支出的有基础产业投资和农业财政投资等。

#### (一)消费性支出

1. 行政支出

行政支出是国家财政用于国家各级权力机关、行政管理机关、司法检察机关和外事机构等行使其职能所需的费用支出。它是维持国家各级政权存在,保证各级国家管理机构正常运转所必需的费用,是纳税人所必须支付的成本,也是政府向社会公众提供公共服务的经济基础。

从性质上看,政府的社会管理活动属于典型的公共产品,因此只能由政府提供。作为政府公共管理活动的经济基础,行政支出与其他财政支出相比具有一定的特殊性。

行政支出的内容有广义和狭义之分。广义行政支出的内容是由广义政府"三权分立"的构成内容所决定的。广义政府是由三个不同系列的权力组成的，每一系列权力都拥有其特定的职能：立法机构负责制定法律；行政机构负责执行法律；司法机构负责解释和应用法律。与此相对应，广义行政支出的内容包括立法机构支出、行政执行机构支出、司法机构支出等三个基本部分。而狭义的政府仅指公共权力链条中的执行机构，相应来说，狭义的行政支出的内容仅指行政执行支出。从世界各国的财政支出实践来看，行政支出的内容一般属于广义的支出。

中国的行政支出的内容基本上也属于广义的行政支出，包括立法机构支出、行政执行机构支出和司法机构支出三大块。但其中行政执行机构支出的具体内容更为广泛。中国政府预算收支科目表中的行政支出科目主要包括四方面的内容：①行政管理费；②外交外事支出；③武装警察部队支出；④公检法司支出。

2. 国防支出

国防支出是指一国政府用于国防建设以满足社会成员安全需要的支出。保卫国土和国家主权不受侵犯，这是政府的一项基本职能。只要国家存在，国防费就不会从财政支出项目中消失，国防支出是财政基本职能的要求，建立巩固的国防是国防现代化一项战略任务，是维护国家安全统一、全面建设小康社会的保障。

国防支出按照支出的目的划分，包括维持费和投资费两大部分。前者主要用于维持军队的稳定和日常活动、提高军队的战备程度，是国防建设的重要物质基础。其内容主要包括军事人员经费、军事活动维持费、武器装备维修保养费及教育训练费等。后者主要用于提高军队的武器装备水平，是增强军队战斗力的重要保证，主要有武器装备的研制费、采购费、军事工程建设费等几个项目。国防支出按照兵种划分，可以分为国防部队支出、战略部队支出、陆军支出、海军支出、空军支出、武警部队支出和预备役、后备役部队支出。国防支出按照支出项目划分，我国国防支出包括人员生活支出，主要用于军官、士兵、文职干部和职工的工资、伙食、服装等；活动维持费主要用于部队训练、工程设施建设和维护及日常消费性支出；装备支出主要用于武器装备的科研、试验、维修和储存等。

3. 文教科卫支出

文化、教育、科学、卫生支出可简称为文教科卫支出，是指国家财政用于文化、教育、科学、卫生事业等的经费支出。此类支出具有较强的外部正效应，有助于整个社会文明程度的提高，有利于提升全体社会成员的素质，从而对经济的繁荣与发展具有决定作用，因而各国均对文教科卫事业给予了较大程度的财力支持。

文教科卫支出的内容有两种分类方法：一是按支出的使用部门划分为文化、教育、科学、卫生、体育、通信、广播电视等的事业费。此外，还包括出版、文物、档案、地震等项事业费。二是按支出用途划分为人员经费支出和公用经费支出。前者主要包括工资和津贴。后者主要包括公务费、设备购置费、修缮费和业务费。

## （二）投资性支出

1. 基础产业投资

（1）基础产业的概念与作用

基础产业的内涵，有广义和狭义之分。狭义的基础产业，是指经济社会活动中的基础设施和基础工业。基础设施主要包括交通运输、机场、港口、桥梁、通信、水利和城市供排水、供气、供电等设施；基础工业主要指能源（包括电力）工业和基本原材料（包括建筑材料、钢材、石油化工材料等）工业。为概括起见，我们将基础设施和基础工业统称为基础产业。广义的基础产业，除了上述基础设施和基础工业之外，还应包括农林部门，有提供无形产品或服务的部门（如科学、文化、教育、卫生等部门）所需的固定资产，通常也归于广义基础设施之列。

基础产业是支撑一国经济运行的基础部门，它决定着工业、农业、商业等直接生产活动的发展水平。一国的基础产业越发达，该国的国民经济运行就越顺畅、越有效，人民的生活也越便利，生活质量相对来说也就越高。

（2）财政对基础产业投资方式

在计划经济时期，财政对基础产业投资的方式是无偿拨款。即财政无偿地为建设单位提供资金，不需要偿还，资金用不好也不承担任何经济责任，是一种软约束。这种投资方式导致各地方纷纷向财政部门争资金，而不注意项目的可行性研究，导致资金效益低下和大量浪费。因此，在市场经济条件下，财政要保证投资的效果，必须注意改革传统的对基础产业的投资方式。

与市场经济体制接轨的投资方式是财政投融资。财政投融资具有下述基本特征：

第一，它是在大力发展商业性投融资渠道的同时构建的新型投融资渠道。随着社会主义市场经济体制的逐步建立和完善，市场融资的份额将扩大，仅靠商业性融资很难保证国家基础产业投资需求。我国在1994年成立了三家政策性银行，由政策性金融机构进行财政投融资的统筹管理，有效形成政府投资运作机制，可以提高政府投资运作的总体效率。

第二，财政投融资的目的性很强，范围有严格限制。概括地说，它主要是为具有提供"公共物品"特征的基础产业部门融资。换句话说，它主要是为需要政府给予扶持或保护的产品或直接由政府控制定价的基础性产业融资。随着体制改革的深化，由体制性因素形成的"公共物品"应逐步减少，市场商品的范围应扩大，许多基础工业产品在条件成熟时，价格应放开，并通过发展企业集团形式谋求发展，因此，财政投融资的范围是受到严格限制的。

第三，虽然财政投融资的政策性和计划性很强，但它并不完全脱离市场，而应以市场参数作为配置资金的重要依据，并对市场的配置起补充调整作用。

第四，财政投融资的方式和资金来源是多样化的。既可通过财政的投资预算取得资本金，也可通过信用渠道融通资金；既可通过金融机构获取资金，也可通过资本市场筹措资金；部分资金甚至还可以从国外获得。

2. 农业投资

(1) 农业发展与政府和财政的关系

第一，农业是国民经济的基础，自然也是财政的基础，而其中最主要表现为农业收入是财政收入的源泉。我国的农业税一向实行低税政策，但农业部门创造的价值，有相当一部分通过工农商品价格的"剪刀差"转移到相关的工业部门，而后通过工业部门上缴税收集中为财政收入。我国农村和农业的发展具有广阔的前景，农业市场存在巨大的潜力，只要农村和农业保持良好的发展势头，财政收入的持续稳定增长就有坚实的基础。

第二，在发展农业过程中，国家财力的支持不仅是责无旁贷的，而且应当说支持甚至保证农业的发展是政府和财政的一项基本职责。农业发展的根本途径是提高农业生产率，提高农业生产率的必要条件之一是增加对农业的投入，因而安排好农业投入的资金来源是一个必须解决的重要问题。

第三，政府从事农业投资的必要性，并不只在于农业部门自身难以产生足够的积累，而且生产率较低的现状难以承受贷款的负担，更重要的是许多农业投资只适于由政府来进行。农业固定资产投资，如大江大河的治理、大型水库和各种灌溉工程等，其特点是投资额大、投资期限长、牵涉面广，投资以后产生的效益不易分割，而且投资的成本及其效益之间的关系不十分明显。由于具有上述特点，农业固定资产投资不可能由分散的农户独立进行。在理论上，似乎存在着一种按"谁受益，谁投资"的原则来组织农户集资投资的可能，但由于衡量农户的受益程度十分困难，集资安排多半很难贯彻。对此类大型固定资产投资项目来说，按地区来度量受益程度，从而分地区来负担项目费用似乎是可以做到的，但在这种安排下，地区应负担的费用多半要由地方财政安排支出，而这在概念上就已属于政府投资了。

(2) 财政对农业投资的特点与范围

纵观世界各国的经验，财政对农业的投资具有以下基本特征：

第一，以立法的形式规定财政对农业的投资规模和环节，使农业的财政投入具有相对稳定性。

第二，财政投资范围具有明确界定，主要投资于以水利为核心的农业基础设施建设、农业科技推广、农村教育和培训等方面。原则上讲，凡是具有"外部效应"以及牵涉面广、规模巨大的农业投资，都应由政府承担。

由于改革以来财政的放权让利改革，致使财政非常困难，能够投向农业的资金非常有限。因此，财政对农业的投资应该有一定的范围和重点。在市场经济条件下，政府农业投资的范围应该是具有公共物品性质的农业项目。但农业公共物品项目很多，在财政资金有限的情况下，应该把那些具有外部效应、牵涉面广（如跨地区的农业项目，可以使更多的农民从中受益）、规模大的农业公共物品作为财政投资的重点。目前在我国，农业公共物品主要包括以下几方面：

①农业基础设施

如大型水利设施、农业水土保持工程等，这是农业发展的物质基础。现阶段我国农业基础薄弱，水利设施和农田基础设施老化失修、水土流失严重、生态环境恶化使农业抵御自然灾害的能力不强，严重影响了农业的发展。这些基础工程无疑属于公共物品，而且是重要的公共物品。单个农户没有能力从事这方面的投资，也难于吸引市场投资。因此，应是政府投资农业的一个重点。

②农业科技进步与推广

科技是农业发展的技术基础，要实现农业经济增长方式由粗放型向集约型转变，"科教兴国"是重要的一环。因此，财政应增加对农业科技的投入：一是要扶持农业科研单位开展农业科学研究，尤其是基础性研究和公关项目；二是增加对农业科技推广的扶持，特别要注意对粮棉油等大宗农作物的良种培育、科学栽培、节水灌溉等技术的推广进行扶持；三是要增加对农业教育与培训的经费投入，加大对农业劳动者技术培训的投入；四是要与农业生产过程紧密结合，使农业技术进步在农业经济增长中发挥更大的作用。

③农业生态环境保护

农业发展与生态环境之间具有相互制约、相互促进的关系。为了使农业和生态环境之间形成良性循环并协调发展，政府应增加对绿化、治污、水土保持的防护林建设等准公共物品的投入，加大改善农业生态环境的力度。

另外，由于农业发展是一个系统工程，光靠政府投入是远远不够的，只有将政府支农纳入整个农业公共政策体系之中，通过发挥市场的力量和政府的引导作用，才能从根本上解决农业问题。农业公共政策体系应当包括以下内容：土地产权政策、农业人力资本政策、农业产业结构调整政策、财政支农政策和农产品流通政策等。

## （三）政府采购制度

1. 政府采购制度的含义及基本内容

（1）政府采购制度的含义

政府采购制度与政府采购是不同的两个概念。政府采购制度是指一个国家根据本国经济体制和具体国情制定的或在长期政府采购实践中形成的、旨在管理和规范政府采购行为的一系列规则和惯例的总称。政府采购，也称公共采购，是指政府及其所属机构在财政的监督下，以法定的方式和程序，从国内外市场上购买履行其职能所需要的商品和劳务的活动。政府采购不仅是指具体的采购过程，而且是采购政策、采购程序、采购过程及采购管理的总称，是一种对公共采购管理的制度，是一种政府行为。

与政府采购相对应的另一种采购行为是私人采购。政府采购和私人采购同作为一种市场行为，其根本目标、运作程序和步骤、方法以及所遵循的一般市场规则是一致的，都追求"物有所值"和"价廉物美"的原则和目标。但同时政府采购与私人采购相比又有很大的不同。

①资金来源及性质不同

政府采购是公共资金，主要是财政性资金，因此必须按法律的规定进行采购，并严格执行预算和接受审计、公众监督；私人采购是私营业主或公司法人资金。

②目的动机不同

政府采购的主要目的是为了满足公务活动和公共服务的需要，没有私人（含企业）采购的盈利动机；私人采购的目的主要是为了个人享受或制造和转售，有盈利要求。

③公开程度不同

政府采购过程应该在完全公开的条件下进行，一般情况下，所做的任何事情都必须有可供公开查询的记录，没有秘密可言；私人采购公开的程度相对自由，没有必要透露所有信息。

④操作要求不同

政府采购程序事先应该有严格规定，应在法律和有关管理规定的限制下操作，并在采购文件中明确；私人采购相对随意、灵活。

⑤经济影响不同

政府采购规模巨大，并具有至上的能力，在一定程度上可以左右市场，因此采购人员有可能滥用职权，应受到公众和新闻媒体的监督，渎职、失误都要曝光；而私人采购很少有这样的影响力，往往只有重大失误或欺诈才会被曝光。

（2）政府采购制度的基本内容

政府采购制度的基本内容由以下四方面组成：

①政府采购的法律法规

政府采购的法律法规主要表现为各国分别制定的适应本国国情的《政府采购法》，该项法规包括总则、招标、决议、异议及申诉、履约管理、验收、处罚等内容。

②政府采购政策

政府采购政策包括政府采购的目的，采购权限的划分，采购调控目标的确立，政府采购的范围、程序、原则、方法、信息披露等方面的内容。

③政府采购程序

政府采购程序是指有关购买商品或劳务的政府采购计划的拟订、审批，采购合同的签订，价款确定，履约时间、地点、方式和违约责任等方法的内容。

④政府采购管理

政府采购管理是指有关政府采购管理的原则、方式，管理机构、审查机构与仲裁机构的设置,争议与纠纷的协调和解决等内容。

2. 政府采购制度的意义

政府采购制度的实施对提高财政资金的使用效益、加强国家的宏观调控能力、优化资源配置和抑制腐败现象具有重要作用。

第一,从财政部门自身角度来看,政府采购制度有利于政府部门强化支出管理,硬化预算约束,将市场的竞争机制引入政府消费,在公开、公正、公平的竞争环境下,充分利用买方市场的优势,降低购买成本,提高财政资金的使用效益。

第二,从政府代理人角度来看,政府采购机构通过招标竞价的方式优中选优,可以尽可能地节约资金,提高所购货物、工程及服务的质量,防止重复购置,从而进一步规范政府采购行为,有利于政府采购制度实施效率的提高。

第三,从财政部门代理人与供应商之间的关系角度来看,政府采购制度引入招投标竞争机制,使得采购实体与供应商之间合谋腐败的现象大大减少,在很大程度上避免了供应商与采购实体成为最大受益者而国家成为最大损失者的问题的出现,即通过强化制度约束机制,能够从源头上抑制腐败现象的产生。

3. 政府采购的方式

政府采购方式有两种,即招标性采购和非招标性采购。一般而言,招标性采购方式适用于达到一定金额以上的采购项目,非招标性采购方式则适用于不足一定金额的采购项目。

(1) 招标性采购

招标性采购,亦称竞争性招标采购,是国际竞争招标采购、国内竞争招标采购的总称,它是政府采购最常用的方式之一。竞争性招标采购有一套完整的、统一的程序,这套程序不会因国家、地区和组织的不同而存在太大的差别。一个完整的竞争性招标过程由招标、投标、开标、评标、合同授予等阶段组成。

(2) 非招标性采购

非招标性采购,是指除招标性采购以外的其他采购方式。达不到招标性采购金额的大量采购活动要采用非招标性采购,有时从经济的角度考虑不适合用招标性采购的采购活动,也采用非招标性采购。非招标性采购的具体方法较多,通常使用的主要有:国内或国外询价采购、单一来源采购、竞争性谈判采购、自营工程等。

## 二、转移性支出

转移性支出是指政府按照一定方式,把一部分财政资金无偿地、单方面转移给居民和其他受益者的支出,它体现的是政府的非市场型再分配活动。在财政支出总额中,转移性支出所占的比重越大,财政活动对收入分配的直接影响就越大。市场经济下的各国政府普遍通过转移性支出实现公平职能。转移性支出是密切关注人民生活的支出,主要包括社会保障支出和财政补贴。

## (一) 社会保障支出

### 1. 社会保障与社会保障支出

社会保障是国家向丧失劳动能力、失去就业机会以及遇到其他事故而面临经济困难的公民提供的基本生活保障。社会保障作为一种经济保障形式,有两个基本特征:第一,社会保障是由政府在社会范围内组织实施的,因而不同于劳动者就业单位为职工举办的经济保障计划;第二,社会保障的受益人为公民中遇到生、老、病、残、失业等事故而亟待获得物质帮助者,这种受益人的选择性是社会保障区别于政府举办的、旨在使公民普遍受益的一般公共福利事业的重要标志。社会保障制度是经济"减震器",又是社会公民基本生活的"安全网",在市场经济运行中具有极为重要的意义。我国近年来一直着力于构建我国社会保障制度,这要求借鉴发达国家的社会保障的筹资模式和管理模式,针对我国传统体制下社会保障制度的弊端,进行深入的改革。

社会保障支出是财政转移支付的重要内容,主要是指国家财政用于社会保障方面的支出,并包括非财政经费安排的社会保障支出。其内容主要包括社会保险支出和社会福利支出(包含社会救济支出或社会补助支出和社会优抚支出)两方面。

### 2. 社会保障制度的内容

(1) 社会保险

社会保险是为丧失劳动能力、暂时失去劳动岗位或因健康原因面临经济困难的人口提供收入或补偿的一种社会经济制度。社会保险计划由政府举办,强制某一群体将其收入的一部分作为社会保险税(费)形成社会保险基金,在满足一定条件的情况下,被保险人可从基金获得固定的收入或损失的补偿。它是一种再分配制度,其目标是保证劳动力的再生产和社会的稳定。我国现行的社会保险运行模式是社会统筹和个人账户相结合的模式。

社会保险的内容主要包括养老保险、医疗保险、失业保险、工伤保险、生育保险、重大疾病和补充医疗保险等。

①养老保险

它是对达到法定年龄退出劳动领域的劳动者,为保障其基本生活需要,由社会保障基金提供的生活补偿费用。养老保险的前提是劳动者在劳动年龄阶段为社会付出了剩余劳动,做出了一定贡献,因此,在劳动者退出劳动领域之后,社会需要对其生活进行保障。在我国,养老社会保险的对象是城镇一切有收入并参加了社会养老保险的劳动者。财政拨款的行政事业单位不在其列，因为这些单位工作人员的工资都来自国家财政收入，从长期来说，这部分人员养老保险资金的缴纳和给付都是同一口袋中的支出，属于国家保障性质。

②医疗保险

它是指劳动者因疾病、受伤或生育需要治疗时，由社会提供必要的医疗服务和物质保障的一种制度，包括基本医疗保险和大额医疗救助两部分。医疗保险对符合条件的被保险人，享受医疗的机会和待遇，一般实行均等的原则，医疗保险通常以医疗保险基金支付部分医疗费的形式向被保险人提供服务。

③失业保险

它是指国家通过立法强制实行，由社会集中建立基金、对因失业而暂时中断生活来源的劳动者提供物质帮助的制度。它是社会保障体系的重要组成部分，是社会保险的主要项目之一。

④工伤保险

它是指劳动者在工作中或在规定的特殊情况下，遭受意外伤害或患职业病导致暂时或永久丧失劳动能力以及死亡时，劳动者或其遗属从国家和社会获得物质帮助的一种社会保险制度。

⑤生育保险

它是国家通过立法，在怀孕和分娩的妇女劳动者暂时中断劳动时，由国家和社会提供医疗服务、生育津贴和产假的一种社会保险制度，即国家或社会对生育的职工给予必要的经济补偿和医疗保健的社会保险制度。

(2) 社会福利

社会福利是现代社会广泛使用的一个概念。人们根据他们各自的立场和目的给予这个概念以不同的解释。广义的社会福利是指提高广大社会成员生活水平的各种政策和社会服务，旨在解决广大社会成员在各方面的福利待遇问题。狭义的社会福利是指对生活能力较弱的儿童、老人、单亲家庭、残疾人、慢性精神病人等的社会照顾和社会服务。社会福利所包括的内容十分广泛，不仅包括生活、教育、医疗方面的福利待遇，而且包括交通、文娱、体育等方面的待遇。社会福利是一种服务政策和服务措施，其目的在于提高广大社会成员的物质和精神生活水平，使之得到更多的享受。同时，社会福利也是一种职责，是在社会保障的基础上保护和延续有机体生命力的一种社会功能。

社会福利制度一般来讲具有四个特点：①社会福利是社会矛盾的调节器；②每一项社会福利计划的出台总是带有明显的功利主义目的，总是以缓和某些突出的社会矛盾为终极目标；③社会福利的普遍性，社会福利是为所有公民提供的，利益投向呈一维性，即不要求服务对象缴纳费用，只要公民属于立法和政策划定的范围之内，就能按规定得到应该享受的津贴服务；④社会福利较社会保险而言是较高层次的社会保险制度，它是在国家财力允许的范围内，在既定的生活水平的基础上，尽力提高服务对象的生活质量。

社会福利一般包括现金援助和直接服务。现金援助通过社会保险、社会救助和收入补贴等形式实现；直接服务通过兴办各类社会福利机构和设施实现。其主要内容有：医疗卫生服务、文化教育服务、劳动就业服务、住宅服务、孤老残幼服务、残疾康复服务、犯罪矫治及感化服务、心理卫生服务、公共福利服务等。其服务对象包括：老年人、残疾人、妇女、儿童、青少年、军人及其家属、贫困者，以及其他需要帮助的社会成员和家庭等。其服务的形式有：人力、物力、财力的帮助，包括国家、集体、个人兴办的社会福利事业的收养，社区服务，家庭服务，个案服务，群体服务等。

(3) 社会救济

社会救济是指国家按照法定程序和标准，向因自然灾害或其他社会、经济原因而难以维持最低生活水平的社会成员提供财力或物质援助，以保证其最低生活需求的一种社会保障制度，主要包括自然灾害救济、失业救济、孤寡病残救济和城乡困难户救济等。国家和社会以多种形式对因自然灾害、意外事故和残疾等原因而无力维持基本生活的灾民、贫民提供救助，包括提供必要的生活资助、福利设施，急需的生产资料、劳务、技术、信息服务等。社会救济是向由于各种原因陷入生活困境中的社会成员提供最基本的生活保障的最有效方式。

(4) 社会优抚

社会优抚是针对军人及其家属所建立的社会保障制度，是指国家和社会对军人及其家属所提供的各种优待、抚恤、养老、就业安置等待遇和服务的保障制度。

社会优抚是中国社会保障制度的重要组成部分，我国《宪法》第四十五条规定：国家和社会保障残疾军人的生活，抚恤烈士家属，优待军人家属。保障优抚对象的生活是国家和社会的责任。社会优抚制度的建立，对维持社会稳定、保卫国家安全、促进国防和军队现代化建设、推动经济发展和社会进步具有重要的意义。

3. 社会保障制度的作用

社会保障制度的产生是社会经济发展的必然，它在现代社会中所起的作用表现如下：

(1) 保障权利公平

公民享受教育、健康和最低生活保障的权利，在西方被统称为"福利权利"或"社会权利"，被视为对基本公民权的拓展，或社会公民权的一部分。作为社会的一员，每个人都有权享受社会保障，并有权享受他的个人尊严和人格的自由发展所必需的经济、社会和文化方面各种权利的实现。社会保障把保障每个人的生存权、发展权放在首位。享受了全民的社会保障，意味着基本生活得到了保证，从而在一个公平的起点上参与社会竞争。

(2) 保障机会公平

机会公平是指任何社会成员只要符合法律规定的条件，都应被覆盖在社会保障范围内，均等地获得社会保障的机会。在中国，一些富人把穷人当作智力低下、不负责任甚至天生懒惰的人。这是不对的，中国的穷人绝大多数勤劳、本分、责任心强，他们之所以受穷在很大程度上是因为机会缺乏所致。社会保障制度可使他们中的悲观者前行、无力者有力,增加他们的机会,从而为他们创造一个尽可能公平竞争的起点。

(3) 维护规则公平

规则公平指一视同仁,既不能对弱势群体歧视,又不能对特权阶层倾斜。通过社会保障机制,重点保护社会的极端贫困人口(即在绝对生存需求线下的群体)。因为和高收入群体相比,低收入阶层和弱势群体,从风险管理获得的保护也是最不完善的。这就意味着不实施社会保障,他们可能落入所谓"贫困陷阱"之中,形成恶性循环。

(4) 调节分配公平

在市场经济下,收入和财富分配依据的是生产要素准则,即生产要素数量多、质量高者获取的收入就多;反之则少。这种收入分配制度与私有财产保护制度相结合,使得社会财富的分配出现两极分化,贫者越贫,富者越富。当财富分配的不公超过一定限度时就会导致严重的社会问题。社会保障制度的建立正是政府利用财政这一手段,实现缓和财富分配不公平这一社会目标。其结果是在不影响富人生活水平的前提下,保证穷人也能享有最基本的生活。

## (二) 财政补贴

### 1. 财政补贴的含义

财政补贴,是指国家财政部门根据国家政策的需要,在一定时期内对某些特定的产业、部门、地区、企事业单位、居民个人或事项给予的补助或津贴。它是财政分配的一种形式,是国家实现其职能的一种手段。财政补贴的构成要素分别是:财政补贴的主体是国家的财政部门,其他部门或单位对其内部成员的补助或津贴都不能被认为是财政补贴。财政补贴的依据是国家在一定时期内社会、经济等方面的有关政策,或者说财政补贴是为了实现一定时期内社会、经济发展的目的。财政补贴的对象包括三个层次:一是地区,即对国家领土范围内某一地区给予补贴;二是部门、单位和个人,即对经济活动中的不同主体给予补贴;三是事项,即对社会经济生活中的某些特定事项给予补贴。由此可见,财政补贴具有针对性,而不是具有统一性、普遍性。

财政补贴不仅是一种特殊的财政分配形式,而且还是一种重要的经济调节手段。它通过对物质利益的调整来调节国家、企业、个人之间的分配关系,由此达到促进经济发展、引导消费结构、保持社会稳定的效果。

### 2. 财政补贴的内容

财政补贴的内容可以从不同的分类角度进行考察。比如,按补贴环节来分,财政补贴包括生产环节补贴、流通环节补贴、消费环节补贴;按补贴对象划分,财政补贴可分为企业补贴和个人补贴;按补贴的经济性质划分,财政补贴又可分为生产补贴和生活补贴。根据国家预算对财政补贴的分类，目前我国的财政补贴有以下内容：

(1) 价格补贴

价格补贴主要包括国家为安定城乡人民的生活，由财政向企业或居民支付的、与人民生活必需品和农业生产资料的市场价格政策有关的补贴，其目的是缓解价格矛盾、稳定人民生活。我国的价格补贴又称政策性补贴，主要包括粮棉油差价补贴、平抑物价等补贴、肉食价格补贴和其他价格补贴。价格补贴的产生，一方面是可以纠正在商品经济不发达的阶段价值规律不能正常发挥作用时而产生的不合理价格结构；另一方面政府可以在调节分配关系、维护社会稳定的过程中，对在价格改革中受损较大的经济主体给予补助；同时也可以优化资源配置，纠正市场缺陷，实现国家的宏观经济目标。

(2) 企业亏损补贴

企业亏损补贴又称国有企业计划亏损补贴，主要是指国家为了使国有企业（或国家控股企业）能够按照国家计划生产、经营一些社会需要但由于客观原因使生产经营出现亏损的产品，而向这些企业拨付的财政补贴。企业发生亏损的原因一般有两种：一种是由于企业经营决策失误或自身经营不善而导致的，称为经营性亏损；另一种是由于企业配合国家实施宏观经济政策而导致的亏损，称为政策性亏损。企业发生的政策性亏损，国家无疑要按照有关规定给予补贴，企业发生的经营性亏损，原则上应由企业自负盈亏。但在我国，由于国家对企业生产经营干预过多，致使企业的经营性亏损和政策性亏损混杂在一起，很难划清界限，而且政策性亏损往往掩盖经营性亏损；同时，由于我国国有企业所占比重大，国有企业的资产掌握在国家手中，因此在实践中，我国对部分经营性亏损也给予了补贴，这是我国企业亏损补贴的特点。

企业亏损补贴与价格补贴有所不同，主要区别在以下几方面：

第一，价格补贴主要是以私人为直接的受益对象，基于拨给企业的价格补贴也是如此；而企业亏损补贴则是以企业为直接受益对象，尽管它也可能因为企业没破产而间接使企业的员工受益。

第二，价格补贴往往直接关系到私人的生活水准，而企业亏损补贴则往往直接关系到企业的生产经营能否持续下去。

第三，价格补贴多发生在流通环节，是向私人和商业企业提供的；而企业亏损补贴则多发生在生产环节，主要向生产企业提供。

第四，政府之所以将企业亏损补贴拨付给企业，则是为了使得企业在政府政策引起经营价格倒挂的情况下，能够弥补所需的经营费用和获得合理的利润。

(3) 财政贴息

财政贴息是指国家财政对使用某些规定用途的银行贷款的企业，就其支付的贷款利息提供的补贴。它实质上等于财政代替企业向银行支付利息。根据规定，财政贴息用于以下用途的贷款：①促进企业联合，发展优质名牌产品；②支持沿海城市和重点城市引进先进技术和设备；③发展节能机电产品等。在具体做法上，财政贴息有半补贴和全补贴两种。

3. 财政补贴的作用

财政补贴具有双重作用。一方面，财政补贴是国家调节国民经济和社会生活的重要杠杆。运用财政补贴特别是价格补贴，能够保持市场销售价格的基本稳定；保证城乡居民的基本生活水平；有利于合理分配国民收入；有利于合理利用和开发资源。另一方面，补贴范围过广、项目过多也会扭曲比价关系，削弱价格作为经济杠杆的作用，妨碍正确核算成本和效益，掩盖企业的经营性亏损，不利于促使企业改善经营管理；如果补贴数额过大，超越国家财力，就会造成国家财政的沉重负担，影响经济建设规模，阻碍经济发展速度。

## （三）税收支出

1. 税收支出的含义

税收支出是指以特殊的法律条款规定的、给予特定类型的活动或纳税人以各种税收优惠待遇而形成的收入损失或放弃的收入。税收支出是由于政府的各种税收优惠政策形成的，因此，税收支出只减少财政收入，并不列为财政支出，是一种隐蔽的财政补贴。由于税收支出与税收征收是两个方向相反的政府政策活动，它直接引起政府所掌握的财力减少，同时使得受益者因享受政府给予的减免税政策而增加其实际收入。因此，税收支出实际上是政府的一种间接性支出，它同其他财政补贴一样，是政府的一种无偿性的转移支出，发挥着财政补贴的功能，所以被纳入政府财政补贴的范畴。具体应该从下面三方面进行理解：

第一，税收支出在性质上是财政支出，是一种特殊形式的财政支出，属于财政补贴的范畴，它与政府的直接财政支出是有区别的。具体地讲，税收支出是采取税收豁免、优惠税率、纳税扣除、投资抵免、退税、加速折旧等形式减免纳税人的税款而形成的支出；而直接财政支出是将纳税人的税款收缴入国库后，通过财政预算安排的支出。

第二，税收支出是税法体系的有机组成部分，任何国家的税收制度都可以分解为两大部分：一部分是确保国家财政收入而设置的税基、税率、纳税人、纳税期限等条款，西方称之为"正规"税制；另一部分是为改善资源配置、提高经济效率或照顾纳税人的困难而设置的税收优惠条款，它有别于"正规"税制，是以减少纳税人的纳税义务、主动放弃财政收入为特征的。后一部分就是我们所指的税收支出。

第三，税收支出造成的税收损失与偷漏税造成的税收损失之间是有区别的。税收支出是国家为达到特定政策目标主动放弃的税收收入，而偷漏税是纳税人的一种违法行为，其结果是国家应收的税收收入没有收上来。

**2. 税收支出的形式**

税收支出是国家运用税收优惠调节社会经济的一种手段，根据世界各国的税收实践，税收支出的具体形式主要包括以下几种：

（1）税收豁免

税收豁免是指在一定期间内，对纳税人的某些所得项目或所得来源不予课税，或对其某些活动不列入课税范围等，以豁免其税收负担。常见的税收豁免项目：一类是免除关税与货物税；另一类是免除所得税。

（2）纳税扣除

纳税扣除是准许企业把一些合乎规定的特殊支出，以一定的比率或全部从应税所得中扣除，以减轻其税负。在累计税制下，纳税人的所得额越高，这种扣除的实际价值也就越大。

（3）税收抵免

税收抵免是指纳税人从某种合乎奖励规定的支出中，以一定比率从其应纳税额中扣除，以减轻其税负。在西方，税收抵免形式多种多样，主要的两种形式有投资抵免和国外税收抵免。两者的区别有：投资抵免是为了刺激投资，促进国民经济增长与发展，是通过造成纳税人的税收负担不公平而实现的；而国外税收抵免是为了避免国际双重征税，使得纳税人的税收负担公平。

（4）优惠税率

优惠税率是指对合乎规定的企业课以比一般较低的税率。其适用范围可视实际需要而予以伸缩。一般而言，长期优惠税率的鼓励程度大于有期限的优惠税率，尤其是那些需要巨额投资且获利较迟的企业，常可以从中获得较大的利益。

（5）延期纳税

延期纳税也称"税负延迟缴纳"，是指允许纳税人对合乎规定的税收，延迟缴纳或分期缴纳其应负担的税额。该方式适用范围较广，一般适用于各种税，且通常应用于税额较大的税收上。

（6）盈亏相抵

盈亏相抵是指准许企业以某一年度的亏损抵消以后年度的盈余，以减少其以后年度的应纳税款；或是冲抵以前年度的盈余，申请退还以前年度已缴纳的部分税款。一般而言，盈亏相抵办法通常只能适用于所得税方面。

（7）加速折旧

加速折旧是在固定资产使用年限的初期提列较多的折旧。采用这种折旧方法，可以在固定资产的使用年限内早一些得到折旧费和减免税的税款。

（8）退税

退税是指国家按规定对纳税人已纳税款的退还。作为以税收支出形式形成的退税是指优惠退税，是国家鼓励纳税人从事或扩大某种经济活动而给予的税款退还。其包括两种形式，即出口退税和再投资退税。

近年来，我国财政支出急剧扩张，在经济增长年均10%情况下，财政支出增长年均约20%。财政扩张既是社会经济高速发展的内在要求，更来自转轨过程中各种矛盾激化和经济全球化过程中竞争白热化所构成的压力。

从经济环境来看，财政支出规模随经济的增长而扩张。我国的GDP近年来处于持续高速增长的阶段。根据"瓦格纳法则"，当国民收入增加时，财政支出规模会以更大比例扩张；与此同时，R.A.马斯格雷夫认为随着经济发展阶段的演进，政府支出的规模逐渐扩张。而信息时代的到来，致使人们对公共产品的需求有了更宽的比较范围，纳税人对政府支出的"非理性要求"前所未有地巨大，远远大于经济发展阶段政府支出的需求增加的规模。这就是当前我国经济发展阶段演进和信息化发展背景下的财政支出环境。

地方政府之间的"经济竞争"使中央财政支出压力骤然增大。地方政府领导为了政绩的需要进行的"经济竞争"，主要采用以下这种融资模式：把任内直接投资或担保项目贷款偿还期延迟到任外，而这些资金是政府通过借款、提供政府担保形式筹集的。结果是地方政府的或有负债和潜在负债越积越多，财政支付的潜在风险非常大。根据"李嘉图等价定理"，政府发行公债的效应等同于向纳税人征税。地方政府"经济竞争"导致的债务危机是当前我国财政管理体制改革深化过程中潜在的财政支出压力。

从社会环境来看，当前我国社会结构处于全面转型时期，各种社会问题丛生。一方面，和谐社会构建过程中存在诸多社会问题，如文化教育危机、公共健康问题、收入分配问题、三农问题、环境污染问题、地区之间的贫富差距问题。许多新的社会问题也会在较短时期内大量产生，如虚拟经济犯罪问题、电子商务税收流失问题、贫富差距导致的地区安全问题、人口流动与国民待遇问题。另一方面，各种社会问题纠缠在一起，解决一个社会问题必须以另一个社会问题的解决为前提，或者是多个问题一起解决才能治标治本。如"三农问题"，涉及农村富余劳动力的转移、城市化建设、农村金融的稳定、农业生产方式、生产结构的提高、乡镇财政解困、农村义务教育财政支持等一系列既相互关联又错综复杂的问题。

从国际政治环境来看，国际投资环境竞争激烈。一方面，随着"北京共识"（对我国改革开放以来的经济经验，西方学者总结中国模式的简称）持续升温，发展中国家纷纷模仿中国对外开放、吸引外资的模式，抓紧时间进行经济改革，利用劳动力成本优势战略吸引国际投资。

这对我国在保证经济增长不受影响的前提下进行财政税收体制的改革造成了压力。另一方面，随着经济全球化的到来，我国的经济事务已经扩展到全世界，但是中国企业走向国际市场的过程中出现了许多不和谐的因素，政府公共财政对外经济管理事务职责的增加，要求提高涉外经济管理的财政支出规模。

# 第三节 财政收入规模及结构

## 一、财政收入规模

### （一）财政收入规模的含义

财政收入规模是指一国政府在一个财政年度内所拥有的财政收入总水平。财政收入规模是衡量一国政府财力的重要指标，很大程度上反映了政府为社会提供公共产品和服务的能力。财政收入的持续增长是任何一个政府追求的目标，也是现代社会不断发展、政府职能不断扩大、财政开支不断增加的需要。

对一个国家或者一个社会而言，财政收入的规模一定要适当，既不能过大，也不能过小。如果财政收入规模过大，政府集中的财力过多，就会压缩企业与个人的生产和消费，企业不能扩大再生产，个人不能按意愿消费，市场就会走向萧条，经济就会出现萎缩，全社会的经济效率就会受到影响；如果财政收入规模过小，政府的职能受到限制，不能满足公众对公共产品的需求，同样会降低社会的经济效率。财政收入的规模既要满足政府支持的需要，又要保证经济的持续发展。因此，财政收入规模是人们关注的热点问题。

### （二）财政收入规模的衡量指标

财政收入规模的大小可以从静态和动态两个角度来进行分析，并分别采用两个不同的指标来描述：一是可以从静态的角度来描述，这是绝对量指标；二是可以从动态的角度来描述，这是相对量指标。

1. 财政收入规模的绝对量及其衡量指标

财政收入规模的绝对量是指一定时期内财政收入的实际数量。该指标表现了一国政府在一定时期内的具体财力有多大，因而这一指标适用于财政收入计划指标的确定、完成情况的考核及财政收入规模变化的纵向比较。衡量财政收入规模的绝对指标是财政总收入，而财政收入的绝对指标系列则具体反映了财政收入的来源、构成、形式和数量。

2. 财政收入规模的相对量及其衡量指标

财政收入规模的相对量是在一定时期内财政收入与有关经济和社会指标的比率。该指标主要反映一国政府参与国民生产总值分配的程度（财政的集中程度）有多高，因而具有重要的分析意义，其分子根据反映对象和分析目的的不同可以运用不同口径的指标。衡量财政收入相对规模的指标通常有以下三个。

(1) 财政收入占国内生产总值的比例

这一指标综合体现了政府与微观经济主体之间占有和支配社会资源的关系，进而影响经济运行和资源配置的力度、方式和地位等。

(2) 税收收入占国内生产总值的比例

财政收入的相对规模在很大程度上可由税收收入占民生产总值的比例体现出来。税收收入占国民生产总值的比例又称宏观税率，它是衡量一国（地区）宏观税负水平高低的基本指标。

(3) 非税收入占国内生产总值的比例

非税收入占国内生产总值的比例反映了一国（地区）的国内生产总值中由政府以各种非税收入形式占有或支配的份额。

### （三）影响财政收入规模的因素

从历史上看，保证财政收入持续稳定增长始终是世界各国的主要财政目标，而在财政赤字笼罩世界的现代社会，谋求财政收入增长更为各国政府所重视。但是，财政收入规模多大，财政收入增长速度多快，不是或不仅是以政府的意愿为转移的，它要受各种政治经济条件的制约和影响。这些条件包括经济发展水平、生产技术水平、价格及收入分配体制等，其中最主要的是经济发展水平和生产技术水平。

1. 经济发展水平和生产技术水平对财政收入规模的影响

(1) 经济发展水平对财政收入规模的影响

从理论上看，经济发展水平反映一个国家的社会产品的丰富程度和经济效益的高低。经济发展水平高，社会产品丰富、效益净值——国民生产总值就多，一般而言，则该国的财政收入总额就会较大，占国民生产总值的比重也较高。当然，一个国家的财政收入规模还受其他各种主客观因素的影响，但有一点是清楚的，就是经济发展水平对财政收入的影响表现为基础性的制约，两者之间存在源与流、根与叶的关系，源远则流长，根深则叶茂。

经济发展水平对财政收入规模的影响还可以从定量角度，运用回归分析方法进行分析，回归分析是考察经济活动中两组或多组经济数据之间存在的相关关系的数学方法，其核心是找出数据之间相关关系的具体形式，得出历史数据，借以总结经验、预测未来。

(2) 生产技术水平对财政收入规模的影响

生产技术水平也是影响财政收入规模的重要因素，但生产技术水平是内含于经济发展水平之中的，因为一定的经济发展水平总是与一定的生产技术水平相适应，较高的经济发展水平往往是以较高的生产技术水平为支柱的。所以，对生产技术水平制约财政收入规模的分析，事实上是对经济发展水平制约财政收入规模的研究的深化。

简单地说，生产技术水平是指生产中采用先进技术的程度，又可称之为技术进步。技术进步对财政收入规模的制约可从两方面来分析：一是技术进步往往以生产速度加快、生产质量提高为结果。技术进步速度较快，GDP 的增长也较快，财政收入的增长就有了充分的财源。二是技术进步必然带来物耗比例降低。经济效益提高，产品附加值所占的比例上升。由于财政收入主要来自产品附加值，所以技术进步对财政收入的影响更为直接和明显。随着我国改革开放的不断深入，技术进步的速度正以前所未有的态势在加快，其对我国经济增长的贡献也日益突出，并且技术进步带来的经济效益大幅度提高，直接对我国财政收入规模产生积极的影响。因此，促进技术进步、提高经济效益，是增加财政收入首要的有效途径，在我国更是如此。

2. 分配政策和分配制度对财政收入规模的制约

如果说经济增长决定了财政赖以存在的物质基础，并对财政收入规模形成了根本性约束，那么政府参与社会产品分配的政策倾向则确定了财政收入的水平。我国改革开放以来的财政收入变化趋势大体走出了一条马鞍形的轨迹，而同时期的 GDP 规模却是呈持续性增长态势。这说明，在一定时期内，在经济总量增长的前提下，财政收入规模（特别是相对规模）并非总是与其保持同样的变化格局。究其原因，主要是国家为适应经济改革深化的要求而调整分配政策所引起的。

制约财政收入规模的另一个重要因素是政府的分配政策和分配体制。经济决定财政，财政收入规模的大小，归根结底受生产发展水平的制约，这是财政学的一个基本观点。经济发展水平是分配的客观条件，而在客观条件既定的条件下，还存在通过分配进行调节的可能性。所以，在不同的国家（即使经济发展水平是相同的）和一个国家的不同时期，财政收入规模也是不同的。一国政府在收入分配中越是追求公平，政府进行收入再分配的力度就会越大，政府要求掌握的财力就会越多。在国民收入或者社会产品水平同等的情况下，政府再分配的力度越大，财政收入规模就会越大。从收入分配的表现形式上看，其对财政收入规模的作用有两个：一是收入分配政策能够影响剩余产品在国民生产总值的比重会越大；二是收入分配政策直接决定财政收入占剩余产品的份额。一般来说，计划经济体制国家比市场经济体制国家更强调收入分配公平，因而在剔除其他因素影响下，前者的财政规模会相对大一些。

从以上分析可以看出，在经济体制改革中调整分配政策和分配体制是必要的，但必须有缜密的整体设计，并要考虑国家财政的承受能力。改革开始以至于以后多年来对分配政策和分配体制的调整缺乏有序性，存在过急过度的弊病，削弱了财政的宏观调控能力，造成资金分散与保证国家重点建设的严重矛盾。因此，在提高经济效益的基础上，整顿分配秩序，调整分配格局，适当提高财政收入占国民收入的比重，是深化改革中应有的课题。

3. 价格对财政收入规模的影响

财政收入是一定量的货币收入，它是在一定的价格体系下形成的，又是按一定时点的现价计算的，所以，由于价格变动引起的 GDP 分配的变化也是影响财政收入增减的一个不容忽视的因素。

价格变动对财政收入的影响，首先表现在价格总水平升降的影响。在市场经济条件下，价格总水平一般呈上升趋势，一定范围内的上涨是正常现象，持续地、大幅度地上涨就是通货膨胀；反之，则为通货紧缩。随着价格总水平上升而财政收入同比例地增长，则表现为财政收入的"虚增"，即名义增长而实际并无增长。在现实经济生活中，价格分配对财政收入的影响可能出现各种不同的情况。第一，财政收入增长率高于物价上升率，其高出的部分为财政收入的实际增长；第二，物价上升率高于财政收入增长率，财政收入名义上正增长，而实际上负增长；第三，财政收入增长率与物价上升率大体一致，财政收入只有名义增长，而实际不增不减。

在现实经济生活中，价格分配对财政收入增减的影响，主要取决于两个因素：一是引发物价总水平上升的原因；二是现行的财政收入制度。

一般来说，连年的财政赤字通常是通货膨胀的重要原因。假如物价总水平的上升主要是由财政赤字引致的，即流通中过多的货币量是因弥补财政赤字造成的结果，国家财政就会通过财政赤字从 GDP 再分配中分得更大的份额；在 GDP 只有因物价上升形成名义增长而无实际增长的情况下，财政收入的增长就是通过价格再分配机制实现的。因此，财政收入的增量通常可分为两部分；一部分是 GDP 正常增量的分配所得；二是价格再分配所得。后者即为通常所说的"通货膨胀税"。

决定价格对财政收入影响的另一个因素是现行财政收入制度。如果是以累进所得税为主体的税制，纳税人适用的税率会随着名义收入增长而提高，即出现所谓"档次爬升"效应；当然也会随着名义收入下降而降低档次，从而财政在价格再分配中所得份额将有所增减。如果实行的是以比例税率的流转税为主体的税制，这就意味着税收收入的增长率等同于物价上涨率，财政收入只有名义增长，而不会有实际增长。如果实行的是定额税，在这种税制下，税收收入的增长总要低于物价上涨率，所以财政收入即使有名义增长，而实际必然是下降的。

另外，价格变动的情况不同，造成价格变动的原因不同，对财政收入规模的影响也不相同。在一定的财政收入制度下，当商品的比价关系向有利于高税商品（或行业）变动时，即高税商品价格涨幅大于低税商品价格涨幅时，财政收入会有更快的增长，即财政收入的规模将会变大；反之，当商品的比价关系向有利于低税商品（或行业）变动时，即低税商品价格涨幅大于高税商品价格涨幅时，财政收入的规模将会变小。

除了价格总水平外，价格结构性的变化也会引起财政收入的变化。因为不同商品的价格变化会引起不同部门或行业收入的变化，致使财政收入部门结构发生变化，会对财政收入规模产生影响。

## 二、财政收入结构

财政收入结构可以根据研究角度的不同和对实践分析的不同进行分析。目前，各国学者主要从财政收入分项目构成、财政收入所有制构成、财政收入部门构成等方面对财政收入结构进行分析。

### （一）财政收入所有制构成

财政收入所有制构成是指来自不同经济成分的财政收入所占的比重。这种结构分析的意义，在于说明国民经济所有制构成对财政收入规模和结构的影响及其变化趋势，从而采取相应的增加财政收入的有效措施。

财政收入按经济成分分类，包括来自国有经济成分的收入和来自非国有经济成分的收入两方面。对财政收入进一步细分，则有来自全民所有制经济的收入、集体所有制经济的收入、私营经济的收入、个体经济的收入、外资企业的收入、中外合资企业的收入和股份制企业的收入。我国经济以公有制为主体，国有经济居支配地位，同时允许并鼓励发展城乡个体经济、私营经济、中外合资经营企业和外商独资企业。在过去传统经济体制下，国有经济居绝对主导地位，自然财政收入主要来自国有经济。

但是，自从改革开放以来，集体经济及其他非国有经济的发展速度远远超过国有经济，在 GDP 以及工业总产值中所占的比重迅速提高，而它们所提供的财政收入的增长速度却相对缓慢，同这些经济成分的增长速度不相称。出现这种情况的原因主要有以下几点：一是税率高的企业，如石化、烟酒等行业主要还是由国有企业经营，相应副国有经济上缴的比重较大。二是改革开放以来，长期未能实现税制的统一，特别是外商投资企业能够享受到许多内资企业不能享受的税收优惠政策，目前虽有改善，但是效果并不明显。这种税收政策的倾斜，自然把重负压在国有经济身上。三是集体经济和个体经济以小型企业居多，征管难度较大，税收征管上存在抓大轻小的倾向，税收管理漏洞较大。

改革开放后，随着城乡集体经济、个体经济、私营经济的发展以及三资企业的增加和财税管理制度的进一步完善，来自这些经济成分的财政收入相应增加，国有经济上缴的收入占整个财政收入的比重也随之发生了一些变化，但国有经济作为财政收入支柱的地位基本不会改变。

### （二）财政收入的部门构成

财政收入部门结构分析目的在于说明各生产流通部门在提供财政收入中的贡献及其贡献程度。这里的部门有双重含义：一是按传统意义上的部门分类，分为工业、农业、建筑业、交通运输业及服务业等；二是按现代意义上的产业分类，分为第一产业、第二产业和第三产业。这两种分类的依据虽然不一样，但对财政收入部分结构分析的意义却是一致的。

按照传统意义上的分类，工业和农业是国民经济中的两大部门。但是由农业部门直接提供的财政收入的比重是比较低的，一般为5%左右。然而，农业是国民经济的基础，是其他部门赖以发展的基本条件，没有农业的发展，其他部门的发展及其所能提供的财政收入都将受到制约，从这个意义上说，农业也是财政收入的基础。农业部门提供的财政收入表现为两种形式：一种形式是直接上缴的农业(牧)税。由于我国农业的劳动生产率较低，农业部门的经济收益较低，通过税收上缴财政的只占全部财政收入中的很小一部分。2006年，我国为了减轻农民负担，原来征收的农业税已全面取消。另一种形式是间接提供财政收入。即农业创造的一部分价值是通过为工业提供原材料，而转到工业部门来实现的。农业的丰歉，对本年度特别是下年度财政收入有重大的影响。因为农业丰歉与工业特别是轻工业部门产值的增长有密切的联系。

工业是创造GDP的主要部门，当然也是财政收入的主要来源。过去我国工商税收是在生产环节征收，所以工业部门提供的财政收入在整个财政收入中所占的比重较高，1985年以前一直占到60%以上。随着税制的改革，主要是实行增值税以后，所占比重虽有所下降，但仍占40%左右，仍然是财政收入的主要来源。因此，加快企业改革，特别是国有大中型企业的改革，提高经济效益，减少亏损，仍然是财政收入增长的关键所在。

除工农业部门以外，其他部门对财政收入增长的贡献率在快速增长。从我国1994年实行税制改革以来，增值税和营业税的作用大大加强了，其中商业流通部门提供的财政收入增长迅速。另外，随着我国房地产业和各种服务业的快速发展，这些行业已经成长为我国财政收入的非常重要的来源。

现代产业结构的分类与传统的产业结构分类不同，但又是相互交叉的。现代产业结构分类可将产业结构分为第一产业、第二产业和第三产业。第一产业的生产物取之于自然，包括农业、畜牧业、林业等。第二产业的属性是取自于自然的加工生产物，包括采矿业、制造业、建筑业、煤气、电力等工业部门。以上两大产业部门都是有形物质财富的生产部门。第三产业部门则属于繁衍于有形物质财富之上的无形财富的生产部门，包括商业、金融业及保险业、运输业、服务业、公益事业等部门，简称为广义的服务业。应当说明的是，部门结构属于传统的核算方法，已经不能完全适应市场经济发展的要求，而按第一、第二、第三产业分类是我国改革后的现行核算方法的分类，更具有实际意义。在发达国家，第三产业占GDP的比重已达60%以上，提供的财政收入占全部财政收入的50%以上。目前，我国的第三产业已呈现出快速增长的势头，随着改革开放的不断深化和经济的快速发展，第三产业将以更快的速度增长，成为财政收入的重要财源。为此，必须加强对第三产业部门的管理，建立科学化、系统化的管理制度，并加强税收的征收管理，通过大力发展第三产业来进一步推动财政收入不断增长。

由于各个国家的产业结构总是处在不断地调整和变化中，因此，在行业间存在平均利润率作用的情况下，财政收入的部门结构分析可以通过不同部门提供的收入在全部财政收入中的比重来反映不同产业部门在国民经济中的地位，提供财政收入比重较高的部门通常在国民经济中处于较重要的地位，反之则地位较弱。这种结构状态如果与各产业在国民经济结构中的实际地位相一致，又与政府产业政策的取向基本一致，则可以维持目前政府与各部门之间的分配关系；而如果这种结构与各产业在国民经济中的实际地位不一致，则反映了财政现行分配政策上的偏向性。如果追求收入分配的中性政策，则应对现行分配政策进行调整。

# 第三章 政府预算与财政政策

## 第一节 政府预算

### 一、政府预算概述

#### （一）政府预算的概念

所谓预算，是指按一定的法定程序批准的政府机关、社会团体和企事业单位，在一定期间（年、季、月）的收支计划。所谓政府预算，也称政府公共预算，是指按照一定的法律程序编制和执行的政府年度财政收支计划。政府预算是一个国家的中央政府和各级地方政府公共收支计划的总和，它是国家管理社会经济事务、实施宏观经济调控的主要手段。

政府预算可分为政府预算收入和政府预算支出两部分。政府预算收入包括各项税收收入、国有资产经营收益、专项收入、其他收入等。政府预算支出包括公益性基本建设支出、事业发展和社会保障支出、国家政权建设支出、政策性补贴支出、专项支出及其他支出等。

从具体形式上看，政府预算是一个具有法律地位和技术性的文件，它是所在财政年度预期收入和支出的一览表，反映政府在财政年度内进行财政收支活动所应达到的各项收支指标和收支总额之间的平衡关系。在所有政府活动中财政总是起着支配性作用，法律要付诸实施，政策要贯彻执行，都需要经过财政支付，财政资金的筹集和支出从根本上规定着政府的活动范围与方向。因此，政府预算反映了国家参与一部分社会产品或国民收入分配所形成的特定分配关系。

1. **法治性是政府预算的根本特性**

市场经济下政府预算的性质与内容，可用"法治性"来归纳，因为此时的政府预算，体现出来的是以法律来约束和规范政府的财政活动和行为，而政府预算的制定和执行过程本身就是法律的制定和执行过程。法治性是政府预算活动的灵魂。没有法治性,也就没有政府预算,就如自然经济时期那样;仅有法治形式,政府预算尽管也已存在,但也是一个空壳,无法发挥应有的作用,就如计划经济时期那样。只有兼备法治的形式和内容,才能真正称为政府预算。市场经济下政府预算的法治性又包括以下几方面的内容:

(1) 计划性

作为政府的基本财政计划,政府预算依据政府的施政方针编制,财政收支必须由预算安排并遵照执行,不得超越和违背计划行事。

(2) 法律性

政府预算通过相应的法律程序确立,既受到法律的约束和限制,其本身又是国家法律的组成部分,具有法律的权威性。违反政府预算是违法行为,将受到法律的追究和制裁。

(3) 归一性

除某些特殊款项外,所有的财政收支都必须纳入政府预算,以确保社会公众对政府及其财政活动的约束与监督。而那些特殊款项也必须由法律授权,否则也将是违法的。

(4) 程序性

政府预算的审议和批准权限属于立法机构,它通过一系列严格的政治程序来完成。即政府预算从草案提出、批准、执行、调整到决算的全过程,都是在既定法律程序的监督和约束下进行的,要改变该程序只有先改变已有的法律条文。

(5) 公开性

政府预算应成为公开的文件,其内容应能被全社会所了解,除少数机密外,其数据都应向社会公布,而不是少数人随心所欲的私下活动。

**2. 按法治性要求改革我国预算制度**

我国现有的政府预算制度距离法治性要求还有很大的差距,必须进行较大幅度的改革。

(1) 强化政府预算的计划性

在弱化现有政府预算制度的计划经济性质的同时,必须强化政府预算"预先的计划"的功能。政府预算规范和安排着财政活动,直接体现着政府的政策意向,直接关系到社会经济运作状况的好坏,因而必须预先做出周密的计划和规划。但几十年来我国政府预算却从未真正发挥好这一作用。迄今为止,每年都是在预算年度已开始若干月之后,才完成制定政府预算的法律和政治程序。可见,即使在计划经济时期,政府预算本身也难以说是真正有计划的。而西方的政府预算在预算年度开始之前就必须制定完毕,否则政府是无权开展财政运作的,因而西方的财政活动本身具有很强的计划性,政府收支都是由计划预先安排的。为此,必须将我国政府预算的编制时间大大提前,大致在上一年年初就开始着手本年度各级政府预算草案的编制和立法审议工作。只有这样,各级人民代表大会才能有充分的时间对政府提出的预算草案进行讨论、修改和审批,从而形成较为成熟的各级政府预算。

（2）强化政府预算的法律性

改革开放以来，我国的法制建设取得了长足的进展，但政府预算却是其最为薄弱的领域。由此造成了政府预算执行过程中的种种奇怪现象，如随意增加减少财政收支、乱批条子、乱开口子等。这对处于严重困难之中的我国财政来说，无异于雪上加霜。为此，应严肃政府预算的法律性，坚决杜绝没有相应法律授权的财政收入和支出活动发生。美国联邦政府曾由于国会没能通过相应的预算而使得多个部门关门，尽管这不是一个值得提倡的现象，但其中所表现出的法律尊严和守法精神，则是值得我国在改革政府预算制度和进一步加强法制建设时借鉴的。

按照规定，政府预算、政府决算的编制、审查、批准、监督，以及政府预算的执行和调整，必须依照预算法执行。

（3）强化政府预算的归一性

改革开放以来，我国财政活动日益陷于严重的混乱和无序状态之中，诸如一直为人们所关注的各种费用和基金的违规收取和滥用，预算外和制度外资金的过度膨胀等问题越演越烈。在大量政府收支游离于政府预算之外的同时，预算内收入占 GDP 比重却下降到离奇的水准。该收的收不上来，不该支出的压不下来，其结果是连年的巨额财政赤字，公债年发行额和累积余额都急速膨胀。表面上这是中央政府难以有效约束、监督地方政府、部门和机构的财政行为的结果，但根本上则是企业和社会抵制政府不良财政行为的结果。为此，必须严肃政府预算的归一性，即除了某些特殊款项外，所有的政府收入和支出都必须纳入各级政府预算，以确保资本和个人可依法抵制各政府部门与机构的非法收费征税行为，为社会公众监督政府及其财政活动，规范财政分配秩序，克服严重的税收流失现象，确保预算内收入占 GDP 比重有一个显著跃升等，创造一个基本条件。

（4）强化政府预算的公开性

我国政府预算的公开性和透明度历来不高。几十年来我国通过报刊公布的政府预算，从来都只有几个收支大类的数据。每个数据少则数十亿元，多则上百亿元、上千亿元，其中具体的内容，不要说普通老百姓和非专业的人大代表，就是财政预算部门的工作人员，要弄清楚也是很困难的，这就根本谈不上什么公开性。改革开放以来，财政体制改革使地方、部门和机构获得了日益增多的财权财力，为了维护集团利益，往往有意采用种种方法和手段隐瞒本地区、本部门、本单位的财务收支状况，这就极大地增加了我国政府预算的模糊度。而极端者甚至将预算数据列为最高机密，真实数据只有那么几个人知道。"浑水更好摸鱼"，十余年来我国财政活动中严重浪费、腐败、失误、低效等现象，是直接与这种缺乏公开性和模糊状态相关的。而从西方的政府预算来看，则是将几乎所有的预算收支逐笔逐项都以预算文件的形式向全社会公布。公之于众的政府预算在众目睽睽之下，是能大大减少营私舞弊现象的，因而西方财政活动中浪费、腐败、失误、低效等程度远低于我国。可见，西方政府预算的公开性是应当为我国借鉴的，这样才能借助社会公众和法律的监督去克服这些不良行为和丑恶现象,并使我国的财政支出有一个较大的压缩,从根本上克服我国财政现存的痼疾。

(5) 强化政府预算的程序性

几十年来,我国的政府预算制度尽管也具有西方的一整套运作程序,但具体运作仍然是很不规范的。每年我国的各级人民代表大会大体上只是在短短的几周时间内,就匆匆完成了从预算草案的提交、审议到批准的全过程,其中极少有关于人大代表对预算草案的质询、修改和否决的报道见诸报端。此后在预算执行中收支预算的追加追减、完成之后的决算审批等过程,主观因素都太强,没有遵循法定预算程序而乱收乱用的现象屡屡发生,社会公众和人民代表大会都难以通过预算程序有效规范、约束和监督财政活动。为此,应当承认政府收入是社会大众的钱,并不是少数乃至个别人的钱,政府无权超越社会公众经由人民代表大会履行的财政权限,无权随心所欲地进行财政收支活动,而必须严格遵循既定的政府预算程序。只有这样,才能真正保证全体人民当家做主的权利,才能确保我国政府及其财政活动不损害全体人民的根本利益。

## (二)政府预算功能

### 1. 反映政府活动范围和公共收支状况

政府预算是将政府的公共收支分门别类地记载在统一的表格中,全面反映了政府活动的内容、范围和方向,体现了政府政策的意图。也就是说,公共财政的三大职能均在预算里得到体现。而且,预算是多层次的,有一级政府就有一级预算,分别体现了中央和各级地方政府对上述三大职能的行使。

预算编制是政府公共收支的计划安排,反映了政府一段时间内的政策取向。预算执行是政府对公共收入筹措和公共支出使用的过程,体现了政府对执行既定政策目标的力度;根据预算执行情况形成的决算,反映了政府执行政策的结果。

政府预算是中央和各级地方政府所有政务活动的计划,同时又是中央和各级地方政府所有政务活动的归宿。它犹如一面镜子,全面反映了政府的自身行为和介入社会经济发展的广度和深度。预算的编制、执行、决算和监督,是政府施政的经济保障。

### 2. 控制政府活动规模

所有有关政府的理论都把小而精、精而廉的政府看成是人们向往的最好的政府。然而,在实际社会生活中,由于官僚的行为和本能、政治家的理念差异等各种因素,公共权力有着不断扩大的趋势。公共权力的扩大必然伴随着公共机构的膨胀,公共机构的膨胀又必然伴随着公共支出的增长。对付公共权力的扩张只能用釜底抽薪的办法,从控制公共支出着手加以抑制。预算就是控制公共支出规模的最有效手段。预算的特点要求政府把其所有活动及为进行这些活动所需的经费全部记录在案，纳入计划。预算的法制性又使政府所有活动及其所需经费必须经过立法机关，也即民意代表的审议和批准才能生效。因此，政府的活动和收支就被置于国民的监督之下。由于预算在国家政治经济生活中具有重要地位，世界各国十分重视用法律来规范预算。

### （三）政府预算分类

1. 总预算和部门单位预算

按收支管理范围分类，政府预算分为总预算和部门单位预算。

（1）总预算

总预算是国家各级政府的基本财政计划，由各级政府的本级预算和下级政府总预算组成。地方各级总预算由本级预算和汇总的下一级总预算组成；下一级只有本级预算的，下一级总预算即指下一级的本级预算。没有下一级预算的，总预算即指本级预算。

（2）部门单位预算

部门预算由本部门及其所属各单位预算组成。单位预算是指列入部门预算的国家机关、社会团体和其他单位的收支预算，是各级总预算构成的基本单位。根据经费领拨关系和行政隶属关系，单位预算可分为一级单位预算、二级单位预算和基层单位预算。

2. 中央预算和地方预算

按照预算级次分类，政府预算分为中央预算和地方预算。

（1）中央预算

中央预算，是指经法定程序审查批准的、反映中央政府活动的财政收支计划。我国的中央预算由中央各部门的单位预算、企业财务收支计划和税收计划组成，财政部将中央各部门的单位预算和中央直接掌管的收支等汇编成中央预算草案，报国务院审定后请全国人民代表大会审查。中央预算主要承担国家安全、外交和中央国家机关运转所需的经费，调整国民经济结构、协调地区发展、实施宏观调控的支出，以及由中央直接管理的事业发展支出，因而在政府预算体系中占主导地位。

（2）地方预算

地方预算，是指经法定程序审查批准的、反映各级地方政府收支活动计划的总称。它是政府预算体系中的有机组成部分，是组织、管理政府预算的基本环节，由各省、自治区、直辖市总预算组成。我国政府预算收入绝大部分来自地方预算，政府预算支出中也有相当大部分通过地方预算来实现。地方预算担负着地方行政管理和经济建设、文化教育、卫生事业及抚恤等支出，特别是支援农村发展的重要任务，因此它在政府预算中占有重要地位。

### 3. 单式预算和复式预算

按照预算编制形式分类，政府预算分为单式预算和复式预算。

(1) 单式预算

单式预算是传统的政府预算形式，即将国家一切财政收支编入一个预算，通过统一的一个表格来反映。这种预算形式简单清晰，审核时能一目了然，既便于控制和监督政府各部门的活动，又能够全面反映当年财政收入的总体情况，有利于全面掌握国家财政状况。但由于预算支出按性质分类，不能有效地反映财政收支的结构和经济项目的效益。

(2) 复式预算

复式预算，是将同一预算年度内的全部收入和支出按性质划分，分别汇编两个或两个以上的收支对照表，以特定的预算收入保证特定的预算支出，并使两者具有相对稳定的对应关系。复式预算虽然对总体情况的反映功能比较弱，但能明确反映出财政收支的结构和经济建设项目的效益。

### 4. 增量预算和零基预算

按照编制方法分类，政府预算分为增量预算和零基预算。

(1) 增量预算

增量预算，是指财政收支计划指标在以前财政年度的基础上，按新的财政年度的经济发展情况加以调整之后确定。世界各国的预算，无论是单式预算还是复式预算，通常都采用增量预算。

(2) 零基预算

零基预算，是指对所有的财政收支，只以对社会经济发展的预测为依据，完全不考虑以前年度的财政收支水平，重新以零为起点而编制的预算。零基预算强调一切从计划的起点开始，不受以前各期预算执行情况的干扰，使未来年度的预算一开始就建立在一个科学、合理的基础之上，避免不必要的浪费。零基预算使各政府部门不再因为担心已分配资金在本年度内用不完永远丧失该部分剩余资金使用权而浪费财政资金。但是，零基预算事实上还未成为确定的编制预算的常用方法，通常只被用于具体收支项目上。

### 5. 项目预算和绩效预算

按照能否反映经济效果分类，政府预算分为项目预算和绩效预算。

(1) 项目预算

项目预算，是指只反映项目的用途和支出金额，而不考虑其支出经济效果的预算。

(2) 绩效预算

绩效预算，是指政府首先判定有关的事业计划或工程计划，并根据成本效益原则，分析确定其业绩状况，决定支出项目是否必要及其金额大小的预算形式。绩效预算是一种比较科学的预算方法。绩效预算重视对预算支出效益的考察，预算可明确反映出所产生的经济效益。

#### 6. 年度预算和中长期预算

按预算作用时间分类，政府预算可分为年度预算和中长期预算。

（1）年度预算

年度预算，是指预算有效期为一年的财政收支预算。这里的年度是指预算年度，大体上有公历年制和跨历年制。所谓公历年制，即从公历1月1日起至12月31日止。目前采用公历年制的国家主要有法国、德国等。我国预算法规定，我国的预算年度也采用公历年制。跨历年制，即从上一个公历年某月某日起，到下一公历年某月某日止。

（2）中长期预算

中长期预算，也称中长期财政计划，一般1年以上10年以下的计划称为中期计划，10年以上的计划称为长期计划。在市场经济下，经济周期性波动是客观存在的，而制订财政中长期计划是在市场经济条件下政府进行反经济周期波动，从而调节经济的重要手段，是实现经济增长的重要工具。随着我国市场经济体制的日益完善和政府职能的转变，中长期财政计划将日益发挥其重要作用。

#### 7. 本预算、临时预算和追加预算

按立法手续分类，政府预算可分为本预算、临时预算和追加预算。

（1）本预算

本预算，又称正式预算，是指政府依法将每年度可能发生的财政收支加以预计，经立法机关通过后公布实施的正式预算。

（2）临时预算

临时预算，是指基于某种原因，在预算年度即将开始前，预算草案尚未完成立法程序，为了解决预算成立前的预算开支，有必要事先编制的暂时性预算。

（3）追加预算

追加预算，是指在本预算已经批准且付诸实施的情况下，由于某种原因需要增减正式预算收支而需要编制的一种修正性预算。

### （四）政府预算内容

根据预算法的规定，我国政府预算包括一般公共预算、政府性基金预算、国有资本经营预算和社会保险基金预算四部分。一般公共预算、政府性基金预算、国有资本经营预算、社会保险基金预算应当保持完整、独立。政府性基金预算、国有资本经营预算、社会保险基金预算应当与一般公共预算相衔接。

1. 一般公共预算

一般公共预算，是指政府凭借国家政治权力，以社会管理者身份筹集以税收为主体的财政收入，用于保障和改善民生、推动经济社会发展、维护国家安全、维持国家机构正常运转等方面的收支预算。一般公共预算收入包括各项税收收入、行政事业性收费收入、国有资源（资产）有偿使用收入、转移性收入和其他收入。一般公共预算支出按照其功能分类，包括一般公共服务支出，外交、公共安全、国防支出，农业、环境保护支出，教育、科技、文化、卫生、体育支出，社会保障及就业支出和其他支出。一般公共预算支出按照其经济性质分类，包括工资福利支出、商品和服务支出、资本性支出和其他支出。

中央一般公共预算包括中央各部门（含直属单位，下同）的预算和中央对地方的税收返还、转移支付预算。中央一般公共预算收入包括中央本级收入和地方向中央的上解收入。中央一般公共预算支出包括中央本级支出、中央对地方的税收返还和转移支付。地方各级一般公共预算包括本级各部门（含直属单位，下同）的预算和税收返还、转移支付预算。地方各级一般公共预算收入包括地方本级收入、上级政府对本级政府的税收返还和转移支付、下级政府的上解收入。地方各级一般公共预算支出包括地方本级支出、对上级政府的上解支出、对下级政府的税收返还和转移支付。中央预算与地方预算有关收入和支出项目的划分、地方向中央上解收入、中央对地方税收返还或者转移支付的具体办法，由国务院规定，报全国人民代表大会常务委员会备案。

目前我国每年统计公报公布的财政收入、财政支出、财政赤字的数字，是就一般公共预算而言的。

2. 政府性基金预算

政府性基金预算，是指对依照法律、行政法规的规定在一定期限内向特定对象征收、收取或者以其他方式筹集的资金，专项用于特定公共事业发展的收支预算。政府性基金项目由财政部审批，重要的政府性基金项目须报国务院审批。为加强对政府性基金的管理，财政部每年都向社会公布政府性基金项目目录，接受社会监督。所有政府性基金都纳入政府性基金预算管理，通过政府性基金收支表列示，按照法定程序接受人大审查和监督。

政府性基金预算应当根据基金项目收入情况和实际支出需要，按基金项目编制，做到以收定支、专款专用、结余结转下年继续使用。

3. 国有资本经营预算

国有资本经营预算，是指国家以所有者身份依法取得国有资本收益，并对所得收益进行分配而发生的各项收支预算，是政府预算的重要组成部分。国有资本经营预算应当按照收支平衡的原则编制，不列赤字，并安排资金调入一般公共预算。

国有资本经营预算制度的核心是调整国家与国有企业之间的分配关系，是实现国有资本经营管理战略目标的重要手段。建立国有资本经营预算制度，对国有资本收益进行合理分配和使用，有利于完善国有企业收益分配制度，增强政府宏观调控能力，促进国有资本的合理配置，推进国有经济布局和结构的战略性调整，集中解决国有企业发展中的体制性、机制性问题。

4. 社会保险基金预算

社会保险基金预算，是指对社会保险缴款、一般公共预算安排和其他方式筹集的资金，专项用于社会保险的收支预算。为加强社会保险基金管理，规范社会保险基金收支行为，明确政府责任，促进经济社会协调发展，社会保险基金预算应当按照统筹层次和社会保险项目分别编制，做到收支平衡。

政府性基金预算、国有资本经营预算和社会保险基金预算的收支范围，按照法律、行政法规和国务院的规定执行。

### （五）政府预算原则

政府预算原则，是指政府选择预算形式应遵循的指导思想。政府预算原则是伴随着现代政府预算制度的产生而产生的，并且随着社会经济和预算制度的发展而变化。从各国财政实践来看，政府预算的编制有以下五大原则：

1. 公开性原则

公开性原则，是指政府预算的全部收支必须经过审查批准，并向社会民众公布。由于政府预算是政府活动的全面反映，事关国家兴废存亡，与每位公民相关，因此政府预算及其执行情况必须以一定形式公之于众，不仅要置于立法机关的监督之下，而且要置于全体国民的监督之下。

2. 可靠性原则

可靠性原则，是指政府预算的编制和批准所依据的情况是可靠的。政府预算是一种法律文件，是按法定程序形成的政府收支计划。因此，政府预算内的每一项收支数额不得假定、不得估算，更不得任意编造。

3. 完整性原则

完整性原则，是指政府预算应该包括它的全部财政收支，反映它的全部财政活动。由于政府预算是一切财政收支计划的总和，无论是中央政府的财政收支还是地方政府的财政收支均要反映在政府预算中，不可打埋伏、造假账，即使是法律允许的预算外收支也应在预算中有所反映。

4. 统一性原则

统一性原则，是指无论哪一级财政部门均要按统一设定的科目、统一的统计口径和计算程序来填列政府预算。因为各级政府的财政部门是政府预算的主管机关，其负有有效执行预算的责任。

5. 年度性原则

年度性原则，是指政府预算应该按照预算年度编制，不需要也不应该对本预算年度之后的财政收支做出任何事先的规定。由于各国政府预算均有时间界定，通常为一年（365天），一般称预算年度或财政年度。

我国政府预算也要坚持公开性、可靠性、完整性、统一性和年度性的原则。另外，我国政府还强调要以党和国家的路线、方针、政策和国民经济计划作为预算编制的依据；各级预算应当遵循统筹兼顾、勤俭节约、量力而行、讲求绩效和收支平衡的原则，这是我国预算原则的特色。

## 二、政府预算管理职权

### （一）权力机关预算管理职权

1. 全国人民代表大会及其常务委员会预算管理职权

全国人民代表大会的预算管理职权主要包括以下三方面：①审查中央和地方预算草案及中央和地方预算执行情况的报告。②批准中央预算和中央预算执行情况的报告。③改变或者撤销全国人民代表大会常务委员会关于预算、决算的不适当的决议。

全国人民代表大会常务委员会的预算管理职权主要包括以下五方面：①监督中央和地方预算的执行。②审查和批准中央预算的调整方案。③审查和批准中央决算。④撤销国务院制定的同宪法、法律相抵触的关于预算、决算的行政法规、决定和命令。⑤撤销省、自治区、直辖市人民代表大会及其常务委员会制定的同宪法、法律和行政法规相抵触的关于预算、决算的地方性法规和决议。

2. 县级以上地方各级人民代表大会及其常务委员会预算管理职权

县级以上地方各级人民代表大会的预算管理职权主要包括以下四方面：①审查本级总预算草案及本级总预算执行情况的报告。②批准本级预算和本级预算执行情况的报告。③改变或者撤销本级人民代表大会常务委员会关于预算、决算的不适当的决议。④撤销本级政府关于预算、决算的不适当的决定和命令。

县级以上地方各级人民代表大会常务委员会的预算管理职权主要包括以下四方面：①监督本级总预算的执行。②审查和批准本级预算的调整方案。③审查和批准本级决算。④撤销本级政府和下一级人民代表大会及其常务委员会关于预算、决算的不适当的决定、命令和决议。

3. 乡、民族乡、镇人民代表大会预算管理职权

乡、民族乡、镇人民代表大会的预算管理职权主要包括以下五方面：①审查和批准本级预算和本级预算执行情况的报告。②监督本级预算的执行。③审查和批准本级预算的调整方案。④审查和批准本级决算。⑤撤销本级政府关于预算、决算的不适当的决定和命令。

## （二）政府部门预算管理职权

1. 国务院预算管理职权

国务院的预算管理职权主要包括以下九方面：①编制中央预算、决算草案。②向全国人民代表大会做关于中央和地方预算草案的报告。③将省、自治区、直辖市人民政府报送备案的预算汇总后报全国人民代表大会常务委员会备案。④组织中央和地方预算的执行。⑤决定中央预算预备费的动用。⑥编制中央预算调整方案。⑦监督中央各部门和地方政府的预算执行。⑧改变或者撤销中央各部门和地方政府关于预算、决算的不适当的决定、命令。⑨向全国人民代表大会、全国人民代表大会常务委员会报告中央和地方预算的执行情况。

2. 地方政府预算管理职权

县级以上地方各级政府的预算管理职权主要包括以下九方面：①编制本级预算、决算草案。②向本级人民代表大会做关于本级总预算草案的报告。③将下一级政府报送备案的预算汇总后报本级人民代表大会常务委员会备案。④组织本级总预算的执行。⑤决定本级预算预备费的动用。⑥编制本级预算的调整方案。⑦监督本级各部门和下级政府的预算执行。⑧改变或者撤销本级各部门和下级政府关于预算、决算的不适当的决定、命令。⑨向本级人民代表大会、本级人民代表大会常务委员会报告本级总预算的执行情况。

乡、民族乡、镇政府的预算管理职权主要包括以下六方面：①编制本级预算、决算草案。②向本级人民代表大会做关于本级预算草案的报告。③组织本级预算的执行。④决定本级预算预备费的动用。⑤编制本级预算的调整方案。⑥向本级人民代表大会报告本级预算的执行情况。

经省、自治区、直辖市政府批准，乡、民族乡、镇本级预算草案、预算调整方案、决算草案，可以由上一级政府代编，并依照预算法的规定报乡、民族乡、镇的人民代表大会

审查和批准。

### （三）财政部门预算管理职权

1. 国务院财政部门预算管理职权

国务院财政部门的预算管理职权主要包括以下五方面：①具体编制中央预算、决算草案。②具体组织中央和地方预算的执行。③提出中央预算预备费动用方案。④具体编制中央预算的调整方案。⑤定期向国务院报告中央和地方预算的执行情况。

2. 地方各级政府财政部门预算管理职权

地方各级政府财政部门的预算管理职权主要包括以下五方面：①具体编制本级预算、决算草案。②具体组织本级总预算的执行。③提出本级预算预备费动用方案。④具体编制本级预算的调整方案。⑤定期向本级政府和上一级政府财政部门报告本级总预算的执行情况。

### （四）部门单位预算管理职权

1. 部门预算管理职权

各部门的预算管理职权主要包括以下三方面：①编制本部门预算、决算草案。②组织和监督本部门预算的执行。③定期向本级政府财政部门报告预算的执行情况。

2. 单位预算管理职权

各单位的预算管理职权主要包括以下两方面：①编制本单位预算、决算草案。②按照国家规定上缴预算收入，安排预算支出，并接受国家有关部门的监督。

## 三、政府预算管理体制

在我国，财政体制有广义和狭义之分。广义财政体制的内涵比较广泛，它包括政府预算管理体制、税收管理体制、国有企业财务管理体制、行政事业单位财务管理体制、基本建设财务管理体制等；狭义的财政体制就是指政府预算管理体制。通常对财政体制中问题的分析，基本上是以狭义财政体制为研究对象的。所以，这里直接讨论政府预算管理体制问题。

### （一）政府预算管理体制的概念

政府预算管理体制，是指在特定的行政体制下，通过一定的方式调节政府间财力分配的基本制度。具体地说，它是国家在中央与地方及地方各级政府之间，划分财政收支范围和预算管理权限的一项根本制度。

政府预算管理体制是国民经济管理体制的重要组成部分，也是政府预算制度的一个重要组成部分。作为处理政府财权划分的一项制度，政府预算管理体制属于上层建筑范畴，它反映着特定经济基础要求并由其所规范和界定着财政的一切活动，它由财政分配关系决定，必须与各个特定时期的财政分配关系相适应。因为政府预算管理体制是以制度的形式处理中央政府与地方政府之间集中与分散的财政分配关系，解决中央与地方政府之间集权与分权的问题。这是一个带有普遍性的问题，从历史上看，无论是资本主义国家还是社会主义国家，都曾遇到过集权与分权的问题。政府预算管理体制中的集权与分权问题，主要是通过在中央与地方政府之间的收支划分来解决的。因此，在各级政府之间的收支划分就成为政府预算管理体制的核心问题。

### （二）影响政府预算收支划分的因素

各级财政的收支划分，是政府预算管理体制的主要内容。各级财政的财权大小和活动范围，都要通过预算收支划分来确定，它直接关系到各级政府能否获得应有的和必要的财力。财政总规模适度的前提下，某级财政拥有的财力过多或者过少，就意味着总有另一级财政拥有的财力过少或者过多。于是，一方面是某级政府的经费不足，无法完全履行职能；另一方面是某级政府却存在着经费浪费。这些现象从市场经济角度看，都属于资源的低效率配置和使用。一般来说，影响政府预算收支划分的因素主要有以下几种：

1. 国家结构

现代国家结构的基本形式有单一制和复合制两种，复合制又有联邦制和邦联制之分。除联邦制外，现代国家政权也总是分成中央和地方两大组成部分，并且地方政权往往还继续分解为若干层次的结构。在这样的政权结构中，中央代表国家，是整个国家意志的体现，各层次的地方政权都必须服从中央的领导和指挥，是在中央统一政令的指挥下进行活动的。但是，地方各级政权在此大前提下又拥有且必须拥有一定的事权和财权。现代国家的社会经济生活十分复杂，仅靠单一的中央政权进行活动，是不可能兼顾方方面面的需要的，是无法处理好各种问题和有效履行自己所有的职责的。所以，必须在"大权独揽"以维护国家统一的前提下，实行"小权分散"以赋予地方政府以适当的权限，使之能够因地制宜地开展活动，承担履行部分国家职能的责任。几乎所有的现代国家都存在着多层次的国家结构，这样的国家结构不仅影响着政府预算的级次，而且也影响着中央与地方政府间的收支划分。一般来说，联邦制国家结构的地方政府权限比单一制（集权制）国家结构的地方政府权限要多。

2. 国体差异

国体差异是指国家的阶级性质不同，即社会各阶级在国家中的地位不一样。实行社会主义国体制度的政府，是以政权行使者和生产资料公有制的代表者的双重身份参与国民经济的分配和再分配。因此，社会主义国家中央政府的集中度就要比资本主义国家中央政府的集中度高。

3. 效率比较

在履行财政职能过程中，中央政府应当在收入的公平再分配、经济稳定和发展方面起主导作用，而地方政府应该在资源的合理再配置方面起主导作用。因此，对那些需要采用全国统一行动去实现的政府职能或项目，可以由中央集权，即由中央政府集中分配，如国防、外交、公共卫生和保健、义务教育等。

## （三）政府预算收支划分的原则

正确划分各级财政收支，是预算管理体制设计和选择时必须慎重思考和解决的问题之一。为此，必须遵循以下原则来确定各级财政的收支划分。

1. 巴斯特布尔（F.Bastable）三原则

（1）受益原则

凡政府所提供的服务，其受益对象是全国公民，则支出应属于中央政府的公共支出；其受益对象是地方居民，则支出应属于地方政府的公共支出：

（2）行动原则

凡政府公共服务的实施在行动上必须统一规划的领域，其支出应属于中央政府的公共支出；凡政府公共活动在实施过程中必须因地制宜的，其支出应属于地方政府的公共支出。

（3）技术原则

政府活动或公共工程，其规模庞大，需要高技术才能完成的项目，则其支出应归中央政府的公共支出；否则，应属于地方政府的公共支出。

2. 塞利格曼（E.R.A.Seligman）三原则

（1）效率原则

该原则以征税效率的高低为划分标准。例如土地税的征收，地方税务人员比较了解具体情况，征收起来比较方便且不易逃税，因此各国通常将土地税划归为地方税。

（2）适应原则

该原则以税基宽窄为划分标准，税基宽的税种归中央政府，税基窄的税种归地方政府。

（3）恰当性原则

该原则以税负分配公平为划分标准。例如所得税是为了使全国居民公平地负担税负而设立的,如果由地方政府来征收就难以达到上述目标,因此所得税应该归中央政府征收。

3. 迪尤(J.F.Due)二原则

(1) 效率原则

其内涵与上述塞利格曼效率原则相同。

(2) 经济利益原则

该原则以提高经济利益为标准,认为税收是归中央还是归地方,应该以便于经济发展或不减少经济利益为标准。例如商品税应划归中央,以使货物在全国能够畅通无阻,不会妨碍生产力的发展;反之,如果归地方政府,则对同一货物,每经过一地均要课征一次商品税,就会增大成本、提高物价,阻碍经济发展。

4. 我国政府预算收支划分三原则

(1) 统筹兼顾、全面安排

我国政治经济的统一性决定了我国财政的统一性,且具有人口多、民族多、地域广的国情,因而我国财政在安排其体制时,就必须遵循统筹兼顾、全面安排、保证重点、照顾一般的原则,以确保有限财力的最佳运用。所以,在划分收支的过程中,应从全局出发,既要保证中央政府拥有可靠的、必不可少的收入,使其能够满足应有的支出需求,加强中央政府的宏观调控能力,又要照顾地方政府应有的收入来源,保证其实现职能的基本财力需求。

(2) 财权与事权统一

财权与事权统一是指为了保证中央和地方政府履行其各自职能所必需的财力,应当按照各级政府所承担的政治、军事、经济、文化、科技、卫生等任务来划分收支,以使各级政府和各单位统一规划自身事业的开展。凡有一级政权就有一级事权,就应建立一级财权,以使各级政府在处置其事权、行使其职能时有其必要的资金保证。

(3) 权责相连、收支挂钩

为了调动地方政府关心收入和节约支出的积极性,还应当将地方支出与地方收入联系起来,使地方政府要想多支就必须多收,而少收则必须少支;地方政府节约使用财力,就可以办更多的地方性事务等,由此使得整个政府的财政活动处在节约有效的状态之中。为了将政府财政活动中的权与责结合起来,必须要求各级政府对由其组织的全部财政收入和统筹安排的财政支出负有不可推卸的责任,这样才能调动起中央政府和地方政府的积极性。

## (四) 政府预算收支划分的形式

政府预算收支划分形式,是指具体规定财政资源在各级政府之间的分配比例、分配形式及与之密切相连的权责关系。在市场经济条件下，政府预算收支划分形式关系到各级公共财政能否拥有适度的收入，以安排必不可少的支出，从而能否成为真正的一级财政问题。所以，政府预算收支划分形式是政府预算管理体制的核心问题。

中央财政和地方财政之间的关系主要涉及税权的七项内容，即税法制定权、委任立法权、税收课征权、税法解释权、税款享用权、税款支配权和税法提案权。在综合实施这七项权力的过程中，世界各国政府基本上都是采用分税制和转移支付制度两种形式。

1. 分税制

分税制是西方发达国家实行分级财政体制所普遍采用的在中央政府和地方政府之间划分税收收入的一系列制度的总称。其基本做法是通过划分税种或税率来确定各级政府的预算收入，并且相应地形成中央税制和地方税制，分设国税局和地税局两套税务机构分别征管。分税制有两种形式。一是按税种划分各级政府的收入，多数西方国家采用这种方法。具体做法又可以分成完全的和不完全的两种形式。完全形式是指根据税种的不同性质将其分为中央税和地方税，政府各自拥有不同的税源；不完全形式是指除划定中央税和地方税外，还设置中央和地方共享税。这种划分方法的优点是可以避免税负重叠，但缺点是以税种划分税源与各级政府提供的公共产品的种类或层次是不完全对应的，要想合理划分中央税和地方税是很困难的。二是按税源实行分率分征，即对同一税源，各级政府同时按不同的比率加以征收，采用此方法的主要是美国。这种划分方法的优点是无重叠征税，节约征收费用，并且避免了中央与地方对税源归属问题的争执。其缺点是如何确定分成比例，往往引起各级政府之间的意见分歧，不宜在众多税种中推广。

我国从 20 世纪末期开始实行分税制财政管理体制。根据中央政府与地方政府事权的划分，中央财政主要承担国家安全、外交和中央国家机关运转所需经费，调整国民经济结构、协调地区发展、实施宏观调控所必需的支出及由中央直接管理的事业发展支出；地方财政承担本地区政权机关运转所需支出及本地区经济、社会发展所需支出。

2. 转移支付制度

转移支付制度是指中央财政对地方财政收支预算的逆差，采取由中央财政直接拨款补助，也就是上级政府向下级政府的转移支付，是上级政府将一部分财政收入以一定形式拨付给下级政府使用，以达到该级财政预算收支平衡的做法。财政转移支付应当规范、公平、公开，以实现地区间基本公共服务均等化的目标。

（1）转移支付的作用

转移支付制度是许多国家预算管理体制的重要内容之一。

①转移支付制度有利于达到各级政府事权与财权的一致

因为财政管理体制的基本原则要求事权与财权相一致，各级财政负责与本级政府事权相关的开支，并有相应的独立收入来源。但是采用分税制划分收入时，只能做到各级政府的事权与财权的大体相符，特别是随着政府对经济干预的加强，许多国家中央政府集中的财力大于事权需求量,而地方政府集中的财力却常常小于事权需求量。于是,需要通过中央政府向地方政府的转移支付来平衡预算收支的逆差。

②转移支付制度有利于各地区经济平衡发展

政府间的转移支付能够平衡各地方政府的财力,缩小不同地区的收入差距,保证不同地区的居民能够享受到大体相同的公共服务水平。

③转移支付制度有利于帮助地方政府建设与全国利益相关的重大项目

地方政府由于受到自身财力的限制,很难独立进行重大项目的投资建设,而来自中央政府转移支付的资金则有助于解决地方政府的财政困难。同时,从中央政府的角度来看,通过转移支付可以吸引地方财力与中央财力有机结合,进而参与解决全国性的问题。

④转移支付制度有利于加强中央政府对地方政府的控制力

在政治方面,通过补助金制而形成的中央政府向地方政府的转移支付,使地方政府一定程度上产生对中央政府财政的依赖性,以达到政治上的稳定和中央政府经济政策的顺利贯彻实施。

(2) 转移支付的要求

①完整性

从转移支付的目标、种类、方式,到具体因素和数额的确定分配与监督,都要有一整套科学、完整的制度安排。

②对称性

上级政府对下级政府转移支付的财力,与能够满足该级政府承担、履行的事权职责需求相对应。

③科学性

转移支付制度的设计要科学、合理、规范、周密,这样才能实现转移支付的公平性、公正性,才能达到转移支付的目标,实现纵向政府间和横向区域间基本公共服务的均等化。

④统一性

上级政府对下级政府的转移支付在确定分配考核因素时,应该按照统一、规范、明确、公开的制度规定进行。

⑤法制性

转移支付是政府间利益关系的再调整。如果没有严格、明确的法律制度约束,转移支付过程中往往就会存在暗箱操作、人为干扰、不公平、不公正等问题。因此,转移支付制度在许多国家都以法律形式予以规范。

(3) 转移支付的形式

政府间转移支付具体运用时有以下三种形式:

①定额补助

年初在确定地方预算时,对支大于收所出现的逆差,确定一个中央补助的固定数额,此后在具体执行中一般不再变动。这种定额补助的办法可以在一年一定或者在一年确定补助定额后,在今后几年内固定不变,地方政府多收可以多支,是带有包干性质的补助。

②专项补助

专项补助，也称专项拨款，是指不包括在地方正常支出的范围内，由中央根据特定用途拨给地方的专项资金。例如，地方的特大自然灾害救济由中央拨专款补助，此类支出地方政府只能按中央政府确定的支出用途安排，不能挪作他用。

③按成补助

一般是指对某项支出，中央政府按一定的份额给地方政府以补助。例如，地方兴建水利工程，受到财力限制而向中央申请补助，经审定，中央同意投资一部分，地方投资一部分，共同完成此水利工程项目。

### （五）中国实行分税分级财政预算体制的必然

公共财政是与市场经济相适应的财政类型，这决定了分税分级财政体制是与公共财政相适应的预算体制。

第一，税收是公共财政最基本的收入形式，在市场经济条件下，政府以社会管理者的身份为社会提供公共产品，税收就是公共产品的"价格"，财政支出是政府提供公共产品财力的活动。此时的"分税"，就是相对明确地按税源的性质及各级政府提供的公共产品的具体内容及其受益范围的需要，将整个财政所能支配的资源在中央财政与地方财政之间做出区分。从我国目前来看，对国有资本财政，它不适用于分税制的体制类型。原因很简单，即作为资本所有者的收入，只能是利润，无"税"可分，从而根本上否定了对之实行分税制的可能性。

第二，分税财政体制是依靠法律的权威规范和划分各级财政收入的，这只有在市场经济条件下才能做到。在西方市场经济的发展过程中，市场力量逐步通过政治程序的调控，从根本上决定和制约了政府财政活动，决定了政府的税收行为。分税制通过宪法等形式将各级财政的收入关系固定下来，以法律的决定性力量规范和界定了各级政府的财政分配关系，从根本上决定了此时的财政体制关系难以人为地任意变更。

第三，只有在市场经济条件下，才可能实行真正的分级财政而又不危害现代财政的统一性要求。市场经济对政府公共服务的要求是多层次的，即公共产品的多层次性，要求相应层次的政府公共服务，而不是由中央（联邦）政府统一提供或者插手地方公共产品的提供活动。这是公共财政必须采用分级财政，即地方财政是一级独立预算形式的经济根源。但是，市场经济的开放性、统一性，又决定了财政活动也必须具有统一性。公共财政从整体上来看也必须是有机统一的。分税分级财政体制似乎是与此要求相违背的，其实不然。市场经济本身是统一的有机体，市场的力量是能有效摧毁任何经济割据状态的，这样分级财政的独立性只有在市场的允许下才能存在。换句话说，地方公共财政的独立性，是由于提供地方公共产品这一市场的客观要求而存在的，同时中央公共财政也依据市场的要求而提供全国性的公共产品。所有这些不同层次的公共产品都服务于市场统一运行的客观需要，也从不同角度确保着整个市场的顺利运行，这是有利于市场的统一性的。地方财政的分级化，也就是对整个经济统一性的肢解和分割。所以，计划经济体制下的地方财政只能是中央财政的附属物。而改革至今,我国的经济体制仍未能完全地从根本上转到市场经济体制上来,这就说明了为什么尽管预算体制改革已经采用了"分税制"的形式,但真正的分级财政体制仍难以建成。但是,也正因为上述理由,我国的预算管理体制变革的趋势必将朝着分税分级预算管理体制的方向迈进。

# 第二节　财政政策

## 一、财政政策功能与目标

### (一)财政政策的概念

财政政策,是一国政府为实现预期的经济社会发展目标,对财政收支关系进行调整的指导原则和措施。财政政策是政府有意识活动的产物,政府可以利用财政政策达到其预定目标。实践表明,财政政策已经成为政府干预经济的主要手段。

财政政策是国家经济政策的重要组成部分,制定和实施财政政策的过程也,是国家进行宏观调控的过程。财政政策贯穿于财政工作的全过程,体现在财政收支、政府预算等各方面。财政政策由预算政策、税收政策、支出政策、国债政策等组成。

### (二)财政政策的功能

1.导向功能

财政政策通过财政分配和管理活动,调整人们的物质利益,进而调节企业和个人的经济行为,引导国民经济运行。一方面,财政政策配合国民经济总体政策和各部门、各行业的政策,提出明确的调控目标。例如,在经济增长低迷、通货紧缩时期,为配合实现宏观经济政策的经济增长目标,财政政策要以支持经济增长回升为目标。另一方面,财政政策不仅要规定应该做什么、不应该做什么,还要通过利益机制引导和调整人们的经济行为。例如,政府为扩大社会投资规模,通过加速折旧、补贴、贴息、税收优惠等方式激励私人投资。

2.协调功能

财政政策的协调功能是指在社会经济发展过程中,对地区之间、行业之间、部门之间等出现的某些失衡状况进行调节和制约。一方面,在国民收入分配过程中,通过财政收支改变社会成员在国民收入中的占有份额,调整社会分配关系。例如,通过财政转移支付协调各地区间政府提供基本公共服务均等化的功能；通过提高个人所得税免征额标准，调节个人之间的收入水平。另一方面，在财政政策工具体系中，预算、税收、债务、投资等政策工具相互配合、补充运用，能够有效发挥财政政策的协调功能。

3. 控制功能

财政政策的控制功能是指政府通过财政政策调节企业和居民等市场经济主体的经济行为，实现对经济社会的有效控制。例如，对一些高档奢侈消费品和资源性消费品征收消费税，可以达到引导消费方向、控制资源浪费和保护生态环境的目的。

4. 稳定功能

财政政策的稳定功能是指通过财政政策，调整社会总需求和总供给，实现总供需的总量平衡和结构平衡，进而实现国民经济又好又快发展。例如，存在通货膨胀时，政府要通过减少财政支出、增加税收等，控制总需求，抑制通货膨胀；在经济萧条、存在通货紧缩时，政府要通过增加财政支出、减少税收等，扩大总需求，拉动经济增长。

## （三）财政政策的目标

财政政策目标，是指政府制定和实施财政政策所要达到的预期目的。财政政策通过调节社会总需求与总供给，可以优化社会资源配置，实现促进充分就业、物价基本稳定、国际收支平衡和经济稳定增长的目标。

1. 促进充分就业

充分就业是衡量资源充分利用的一个指标，它表明生产要素的投入情况，通常用失业率表示。充分就业是各国政府普遍重视的问题。失业率高，表明社会经济资源的大量闲置和浪费，社会生产规模下降，还会引发一系列社会问题，造成社会动荡。因此，控制失业率是财政政策的主要目标之一。我国正处于经济转型期，加快经济结构调整和深化经济体制改革在今后一个时期不可避免地会增加就业压力；加上庞大的人口基数和每年大量新增就业劳动力，使我国促进充分就业目标的重要性更为突出。

2. 物价基本稳定

物价基本稳定是各国政府努力追求的目标之一。经济发展速度的加快往往伴随着整体物价水平的上升，但过高的通货膨胀会引起社会收入和国民财富的再分配，扰乱价格体系，扭曲资源配置，使正常的分配秩序和经济秩序出现混乱。相反，严重的通货膨胀也会给社会和经济发展带来消极影响，使资源无法充分有效利用，造成生产能力和资源闲置浪费，失业人数增加，生活水平下降。

3. 国际收支平衡

国际收支平衡是指经常项目收支、资本项目流入流出的差额之和为零，它是国际贸易（包括商品和劳务）和国际资本的综合平衡。其中，经常项目亦称贸易项目，是指一国的商品和劳务的进口和出口；资本项目是指一国资本的流入和流出。经常项目平衡也称贸易平衡是指商品和劳务的进口等于出口；出口大于进口，经常项目有盈余，也称国际贸易顺差；出口小于进口，经常项目有赤字，也称国际贸易逆差。资本项目平衡是指资本流入等于资本流出；资本流入大于资本流出，资本项目有盈余；资本流入小于资本流出，资本项目有赤字。国际收支是现代开放经济的重要组成部分。一国国际收支状况不仅反映该国对外交往情况，还反映该国的经济稳定程度。一国国际收支出现逆差，表明国际贸易流动的结果使其他国家对该国储备的索取权增加，从而削弱了该国的储备地位。如果一国国际收支长期不平衡，将使该国外汇储备不断减少，外债负担逐步增加，严重削弱其在国际金融体系中的地位，并导致该国国民收入增长率下降。随着经济全球化发展，国家之间经济发展的相互依赖性不断提高，各国政府越来越重视本国的国际收支平衡，将其作为财政政策的目标之一。

4. 经济稳定增长

经济稳定增长是指一个国家或地区在一定时期内的经济发展速度和水平保持稳定。实现经济稳定增长，是一个国家生存和发展的条件，因而是国家宏观经济政策的重要目标，也是财政政策的重要目标。经济稳定增长决定于两个源泉：一是生产要素的增长，二是生产要素的技术进步程度。因此，经济稳定增长就是财力、物力和人力等社会资源能够支持的经济的可持续增长。要防止出现过分人为刺激的经济增长，因为这将引发如环境污染加重、能源紧张、通货膨胀严重等一系列经济社会问题。财政政策要通过引导劳动、资本、技术等各项生产要素的合理配置，实现经济持续稳定地增长。

## 二、财政政策工具和类型

### （一）财政政策工具

财政政策工具，是指用以达到财政政策目标的各种财政手段，主要有预算、税收、公债、公共支出、政府投资和财政补贴等。

1. 预算政策

预算调节经济的作用主要表现在财政收支的规模及其差额上。当社会总供给大于总需求时，政府预算一般采取扩大支出规模、保持一定赤字规模，以扩大社会总需求；当社会总供给小于总需求时，政府预算一般采取缩小支出规模、保持预算盈余，抑制社会总需求；当社会总供给与总需求基本平衡即经济稳定发展时，政府一般实行中性的预算平衡政策，保持预算收支规模的基本平衡。

2. 税收政策

首先，税收是政府凭借政治权力参与社会产品分配的方式，是保持经济稳定运行的重要手段。在经济繁荣时期，政府通过提高税率、减少税收优惠等途径增加税收，减少企业和个人可支配收入，抑制企业和个人的投资需求，降低社会总需求，使过快或过热的经济增长平稳回落或降温。相反，在经济萧条时期，政府通过降低税率、实行更多税收优惠等途径减少税收，增加企业和个人可支配收入，鼓励企业和个人的投资需求和消费需求，增加社会总需求，促进经济增长。其次，税收是政府公平收入分配的重要手段。例如，通过调整个人所得税超额累进税率的起征点和免征额等途径，可以起到减少高收入者可支配收入的效果，实现收入公平分配的目标。

### 3. 公债政策

在现代市场经济中，公债是政府实施宏观调控的重要政策工具。首先，通过调整公债的流动性程度，改变社会经济资源的流动状况，可以对经济运行产生扩张性或者紧缩性的影响。公债期限不同，流动性相差较大，期限越短，流动性越高，变现能力越强；期限越长，流动性越低，变现能力越弱。因此，在公债发行中通过期限种类的不同设计和调换公债期限等方法，可以对经济运行产生扩张或者紧缩的影响。其次，通过调整国债发行利率水平影响金融市场利率的变化，可以对经济运行产生扩张性或者紧缩性的影响。

### 4. 公共支出政策

公共支出是指政府用于满足纯公共需要的一般性支出，主要包括狭义的购买性支出和转移性支出两部分。其中，狭义的购买性支出是指政府进行日常行政事务活动所需要的商品和劳务支出，即政府的消费性支出。转移性支出是指直接表现为财政资金无偿、单方面转移的支出，包括政府补助支出、捐赠支出和债务利息支出。

### 5. 政府投资政策

政府投资是指财政用于资本项目的建设性支出，它最终形成各种类型的固定资产。在市场经济条件下，政府投资是政府实施宏观调控、克服某些领域市场失灵问题的必要手段。首先，通过政府投资规模，可以影响社会总需求和未来社会总供给，从而影响社会供求总量。其次，通过调整政府投资方向，可以对经济结构发挥重要调节作用，促进资源合理配置和产业结构优化。例如，当经济处于过热时期，政府可通过降低投资支出水平，抑制社会总需求，使经济降温、平稳回落；当经济处于萧条时期，政府可通过提高投资支出水平，扩大社会总需求，缓解或者逐步消除经济衰退；当社会总供求基本平衡，但总供求结构存在问题时，政府投资可以通过采取有保有压的政策，减少对过热行业的投资，增加对薄弱环节的投资，使社会总供求在结构上保持协调。

### 6. 财政补贴政策

首先，财政补贴政策是保持经济稳定运行的重要手段之一。例如，当经济处于过热时期，政府通过减少财政补贴支出使企业和个人的可支配收入减少，抑制企业和个人的投资需求和消费需求，进而减少社会总需求，实现经济平稳回落；当经济处于萧条时期，政府可通过增加财政补贴支出使企业和个人的可支配收入增加，鼓励企业和个人扩大投资需求和消费需求，进而增加社会总需求，拉动经济增长。

其次，财政补贴还是政府公平收入分配的重要手段。一般来说，享受政府补贴的对象大都是低收入群体。通过增加财政补贴，可以提高低收入群体的可支配收入水平，促进社会公平分配。

### （二）财政政策的类型

1. 自动稳定政策和相机抉择政策

按照财政政策调节经济周期的作用，财政政策可分为自动稳定政策和相机抉择政策。

（1）自动稳定政策

自动稳定政策，是指财政制度本身存在一种内在的、不需要政府采取其他干预行为就可以随着经济社会的发展自动调节经济运行的机制。这种机制也被称为财政"自动稳定器"，主要表现在以下两方面：

①累进所得税（包括个人所得税和企业所得税）的自动稳定作用

在经济萧条时期，个人收入和企业利润下降，符合纳税条件的个人和企业数量减少，因而税基相对缩小，适用的累进税率相对下降，税收会自动减少；因税收的减少幅度大于个人收入和企业利润下降的幅度，税收便会产生一种推力，防止个人消费和企业投资的过度下降，从而起到反经济衰退的作用。在经济过热时期，其作用机理正好相反。

②政府福利支出的自动稳定作用

经济出现衰退时，符合领取失业救济和各种福利标准的人数将增加，失业救济和各种福利支出将趋于自动增加，从而有利于抑制消费支出的持续下降，防止经济进一步衰退。在经济繁荣时期，其作用机理正好相反。

（2）相机抉择政策

相机抉择政策，是指政府根据一定时期的社会经济状况，主动灵活地选择不同类型的反经济周期的财政政策工具，干预经济运行，实现财政目标。相机抉择的财政政策包括汲水政策和补偿政策。

①汲水政策

汲水政策，是指在经济萧条时进行公共投资，以增加社会有效需求，使经济自动恢复其活力的政策。汲水政策有四个特点：第一，它是以市场经济所具有的自发机制为前提，是一种诱导经济复苏的政策；第二，它以扩大公共投资规模为手段，启动和活跃社会投资；第三，财政投资规模具有有限性，即只要社会投资恢复活力、经济实现自主增长，政府就不再投资或缩小投资规模；第四，如果经济萧条的状况不再存在，这种政策就不再实行，因而它是一种短期财政政策。

②补偿政策

补偿政策，是指政府有意识地从当时经济状态的反方向上调节经济变动的财政政策，以达到稳定经济波动的目的。在经济萧条时期，为缓解通货紧缩影响，政府通过增加财政支出、减少财政收入等政策来增加投资和消费需求，增加社会有效需求，刺激经济增长；相反，在经济繁荣时期，为抑制通货膨胀，政府通过增加财政收入、减少财政支出等政策来抑制和减少社会过剩需求，稳定经济波动。

2.扩张性财政政策、紧缩性财政政策和中性财政政策

按照财政政策在调节国民经济总量和结构中的不同功能，财政政策可分为扩张性财政政策、紧缩性财政政策和中性财政政策。

（1）扩张性财政政策

扩张性财政政策是指通过财政收支活动增加和刺激社会总需求的政策。在社会总需求不足的情况下，政府通常采取扩张性财政政策，通过减税、增加支出等手段扩大社会需求，提高社会总需求水平，缩小社会总需求与社会总供给之间的差距，最终实现社会总供需的平衡。

（2）紧缩性财政政策

紧缩性财政政策是指通过财政收支活动来减少和抑制社会总需求的政策。在社会总需求大于社会总供给的情况下，政府通常采取紧缩性的财政政策，通过增加税收、减少财政支出等手段，减少或抑制社会总需求，达到降低社会总需求水平，最终实现社会总供需的平衡。

（3）中性财政政策

中性财政政策，也称均衡性财政政策，是指在经济稳定增长时期，政府通过实施财政收支基本平衡或者动态平衡的财政政策，既不产生扩张效应，也不产生紧缩效应，以保持经济持续稳定增长。

需要说明的是，根据国家宏观调控的目标要求，财政政策需要与货币政策协调配合，才能充分发挥财政政策的功能作用，实现国家宏观调控的目标。财政政策与货币政策的协调配合主要有以下三种类型：

①"双松"搭配类型

这是指扩张性财政政策与扩张性货币政策的组合，这种政策组合可以刺激经济增长，扩大就业，但也会带来通货膨胀的风险。

②"双紧"搭配类型

这是指紧缩性财政政策和紧缩性货币政策的组合，这种政策组合可以有效抑制需求膨胀与通货膨胀，但也可能带来经济停滞。

③"松紧"搭配类型

具体包括两种情况：一是紧的财政政策和松的货币政策组合。这种政策组合在控制通货膨胀的同时，可以保持适度的经济增长，但货币政策过松，也难以制止通货膨胀；二是松的财政政策和紧的货币政策。这种政策组合可以在保持经济适度增长的同时尽可能地避免通货膨胀，但长期使用这种政策组合，会积累大量财政赤字。

一般而言，如果社会总需求明显大于社会总供给，则应该采取"紧"的政策措施，以

抑制社会总需求的增长；如果社会总需求明显小于社会总供给，则应该采取"松"的政策措施，以扩大社会总需求。

### 三、我国财政政策实践

财政政策是政府实施宏观调控的重要手段，是政府进行反经济周期调节的重要工具，也是财政有效履行资源配置、公平分配和调控经济等职能的主要手段。根据经济形势的发展变化和宏观调控的特定任务，借鉴国际成功做法，我国先后实施了适度从紧的财政政策、具有扩张性的积极财政政策和趋于中性的稳健财政政策，有力地促进了国民经济持续、平稳、健康发展。

#### （一）我国实施的财政政策

1. 适度从紧的财政政策

从20世纪末期开始，我国实行"适度从紧"的财政货币政策，大力压缩投资需求，降低信贷规模。经过三年的治理整顿，国民经济成功实现了"软着陆"，既抑制了通货膨胀和经济过热，又使经济保持较高的发展速度，并为我国治理通货膨胀积累了宝贵的经验。

2. 稳健的财政政策和货币政策

21世纪初期中央决定实施稳健的财政政策和稳健的货币政策，进入了"双稳健"的宏观调控新时期。在货币政策保持稳健取向的同时，财政政策由积极转向稳健，其核心是松紧适度、着力协调、放眼长远。具体来说，就是注重把握"控制赤字、调整结构、推进改革、增收节支"十六个字。

3. 积极的财政政策和适度宽松的货币政策

这是扩大内需最主动、最直接、最有效的措施，同时进一步完善税制改革，实行结构性减税和推进税费制度改革等措施，采取减税、退税或抵免税等多种方式减轻企业和居民税负，促进企业投资和居民消费，增强微观经济活力。

4. 积极的财政政策和稳健的货币政策

宏观调控的核心在于：更加积极稳妥地处理好保持经济平稳较快发展、调整经济结构、管理通胀预期的关系。将财政政策的重点放在调整结构上，通过减税增支等手段，一方面减轻企业税收负担，另一方面调整财政支出的重点；而货币政策的重点则在于控制通胀，保持货币信贷及社会融资规模合理增长，改善和优化融资结构和信贷结构，调高直接融资比重，推进利率市场化和人民币汇率形成机制改革，增强金融运行效率和服务实体经济能力。

5. 稳定和完善宏观经济政策

继续实施积极的财政政策和稳健的货币政策，更加注重预调微调，更加注重定向调控，用好增量，盘活存量，重点支持薄弱环节；以微观活力支持宏观稳定，以供给创新带动需求扩大，以结构调整促进总量平衡，确保经济运行在合理区间。

## （二）我国实施财政政策的基本经验

随着中共十九大加快完善社会主义市场经济体制整体目标的确立，财政宏观调控方式发生了重大改变，即由被动调控向主动调控转变、由直接调控向间接调控转变、由单一调控向综合调控转变。我国财政政策经过多年的探索与实践，积累了丰富的经验。

1. 始终把握相机抉择政策管理的基本要求

财政政策需要根据经济形势的发展变化相机抉择。采取扩张性、紧缩性或中性的财政政策，要根据经济运行态势和特定的宏观调控目标来决定，不断增强财政政策的针对性、科学性、预见性和有效性。

2. 实行短期调控政策和长期发展政策的有机结合

我国经济发展正在进入新常态，要积极适应经济发展新常态的要求，正确处理好投资和消费、内需与外需、经济增长和社会发展之间的关系；正确处理好发展速度与发展质量的关系。既要着力解决当前矛盾和问题，更要注重解决经济社会发展中存在的深层次矛盾和问题，加快转变经济发展方式，增强经济增长内生动力和活力，保持经济持续健康发展与社会和谐稳定。

3. 加强宏观调控政策之间的协调配合

加强和改善宏观调控，需要注重各项政策目标的内在统一，统筹各项宏观调控政策工具，避免顾此失彼。但在不同时期、不同阶段，政策目标和工具的运用又要有所侧重、突出重点。在具体制定和实施财政政策措施时，应综合使用各种财政政策工具，同时与货币、产业、环保、土地等政策协调配合，打出政策"组合拳"，形成宏观调控合力。

4. 注重国内外政策的协调

在全球经济一体化的过程中，财政政策和货币政策一样都具有外部性。各国制定和执行财政政策时，既受到他国政策的影响，也会影响他国的政策。因此，需要进一步加强国际财政政策协调，积极参与制定国际规则，才能赢得和谋得更大的发展空间。

# 第四章 税收基本理论

## 第一节 税收的概念与原则

### 一、税收概述

#### （一）税收的本质

税收是国家为满足社会公共需要，依据其社会职能，按照法律规定，参与社会产品的分配，强制、无偿地取得财政收入的一种规范形式。

第一，税收是一种工具，其使用的目的是为国家取得财政收入，从而满足社会公共需要；

第二，税收这种工具是由国家来掌握和运用的，因此征税权力归国家所有；

第三，税收所表现的是按照法律的规定，通过强制征收，把纳税单位和个人的收入转移到政府手中，形成财政收入。

税收由国家征收，行使征收权的主体是国家。

税收表现了国家与纳税人在征税、纳税和利益分配上的一种特殊关系。税收的本质是体现着作为权力主体的国家，在取得财政收入的分配活动中，同社会集团、社会成员之间所形成的一种特定分配关系，它是社会整个产品分配关系的有机组成部分，也是社会整个生产关系的有机组成部分。

#### （二）税收的职能

税收的职能是指税收客观存在的固有的功能。税收的职能是由税收的本质决定的，是税收本质的体现。税收的三项基本职能为：①财政职能（收入职能），财政职能是税收首要的和基本的职能；②经济职能（调节职能）；③监督职能。

## 二、税收原则

### （一）税收原则概述

1. 税收原则的概念

税收原则是政府制定税收制度，执行税收职能应遵循的基本指导思想和基本规则，是税务行政和管理应遵循的理论标准和准则，是一定社会经济关系在税制建设中的反映，其核心是如何使得税收关系适应一定的生产关系的要求，它体现了政府征税的基本思想。

2. 制定税收原则的依据

制定税收原则的依据有如下方面：①政府公共职能。②社会生产力水平。③社会生产关系状况。

### （二）现代税收原则

现代税收原则，是指适应现代市场经济发展和现代国家社会政策需要，税收所应遵循的原则。一般认为，适应现代市场经济发展的要求和现代国家社会政策的需要，税收应遵循的基本原则主要有：财政原则、经济原则、公平原则等。

1. 税收的财政原则

税收的财政原则即税收必须为国家筹集充足的财政资金，以满足国家职能活动需要的原则。其内容包括财政收入和税务行政两方面，前者要求税收必须保证国家收入的充分并富有弹性，以满足各个时期、不同情况下的国家需要；后者要求税务行政效率，税制必须是确定的、合法的，征收方法是便利的，征收费用是节约的、最少的。

税收的财政原则包括下列内容：①充裕原则；②弹性原则；③便利原则；④节约原则。

2. 税收的经济原则

税收的经济原则是税收制度的建立原则之一。即税制的建立应有利于保护国民经济，避免税收妨碍生产的消极作用，进而促进国民经济持续、均衡地发展。它要求：①在征税时要保护税本；②要求正确选择征税对象和税源；③正确地设计税率；④税收的转嫁与归宿要顾及税收对经济的影响。另外，还要发挥税收对经济资源配置的作用。

(1) 配置原则

税收的配置原则要求：第一，当资源已经处于最优配置状态时，税收活动就应不妨碍最优配置状态;第二,当资源还未处于最优配置状态时,税收活动、税负轻重就应促使资源转移和重新配置,以提高资源的利用效率。

(2) 效率原则

税收效率原则就是要求国家征税要有利于资源的有效配置和经济机制的有效运行,提高税务行政的管理效率。税收效率原则又可分为税收的经济效率原则和税收本身的效率原则两方面:①税收的经济效率原则,是指税收应有利于资源的有效配置和经济的有效运行。征税必须使社会承受的额外负担最小,以最小的额外负担换取最大的经济效率。②税收本身的效率原则,是指应节约税收行政费用的原则。要提高税务行政管理的效率,必须节约行政费用。其基本要求就是以最小的税收成本取得最大的税收收入。

3. 税收的公平原则

税收的公平原则指税收负担应公平合理地分配于全体社会成员之间,该原则被瓦格纳称为社会正义原则。税收公平原则应包括两方面内容:

(1) 普遍原则

除特殊情况外,税收应由本国全体公民共同负担。在纳税问题上,不允许任何阶级、阶层,任何经济成分,任何个人或法人享有免税特权。

(2) 平等原则

指税收负担要公平合理地分配于社会各成员身上。现代社会的公平原则主要指平等原则,该原则将具体体现于如下两方面:一是横向公平,二是纵向公平。

横向公平,又称"水平公平",是指对相同境遇的人课征相同的税收。横向公平有时也用课税的普遍性来解释,即在一个国家的税收管辖权范围之内,要使税收普遍课征于一切应纳税的自然人和法人,不让任何人、任何企业有任何形式的免税特权。横向公平具有以下四方面的要求:①排除特权阶层免税;②自然人和法人均须纳税;③对公私经济均等征税;④对本国人和外国人在征税上一视同仁。不过,现行国家对公共法人和公益法人,对外国使节为避免重复征税而给予的免税,不被认为是违背横向公平要求的。

纵向公平,又称"垂直公平",即对不同境遇的人课征不同的税收。判断"境遇"的标准,一般包括受益标准和能力标准。测定纳税人纳税能力的强弱,通常有三种标准:收入、财产和消费支出。

## 第二节 税法与税制

### 一、税法概述

#### （一）税法的概念

税和法历来是不可分割的，有税必有法，无法便无税，税法是税收的表现形式，税收必须以税法为其依据。

税法是由国家权力机关或其授权的行政机关制定的调整税收关系的法律规范的总称，是国家税务征管机关和纳税人从事税收征收管理与缴纳活动的法律依据。

税法的概念包含以下几方面的内容：

第一，税法的调整对象是税收关系，即有关税收活动的各种社会关系，包括税收体制关系、税收征纳关系、税收管理关系和其他税收关系；

第二，税法是调整税收关系的一系列税收法律规范的总称；

第三，税法是由国家权力机关或其授权的行政机关制定的。

#### （二）税法的渊源

税法的渊源即税法的法律渊源，一般是指税法的效力来源，即税收法律规范的存在和表现形式。税法的渊源主要就是成文法，包括宪法、法律、法规、规范性文件等国内法渊源和税收双边协定、国际公约等国际法渊源。

1. 税法与宪法正式渊源

在我国，税法的正式渊源专指由国家制定的、以规范性文件为表现形式的作为税法渊源的制定法。

宪法作为税法最终、最高的法律渊源表现在两方面：一是直接的渊源，即宪法中关于税收的直接规定；二是间接的渊源，即宪法中确定的一国政治制度、经济制度、社会制度、分配制度及各项原则性规定，在税收立法、执法、司法中必须严格遵循，得到充分体现。

2. 税法的非正式渊源

税法的非正式渊源不能作为税收执法和司法的直接依据，但也对税收执法和司法具有一定的参考价值。在我国，税法的非正式渊源主要是指习惯、判例、税收通告等。

## （三）税法的效力与解释

1. 税法的效力

（1）税法的空间效力

税法的空间效力指税法在特定地域内发生的效力。我国税法的空间效力主要包括两种类型：①在全国范围内有效；②在地方范围内有效。

（2）税法的时间效力

税法的时间效力是指税法何时开始生效、何时终止效力和有无溯及力的问题。

①税法的生效

主要分为三种情况：一是税法通过一段时间后开始生效；二是税法自通过发布之日起生效；三是税法公布后授权地方政府自行确定实施日期。

②税法的失效

税法的失效表明其法律约束力的终止，通常有三种类型：一是以新法代替旧法，这是最常见的税法失效方式；二是直接宣布废止某项税法；三是税法本身规定废止日期。

2. 税法的解释

税法的解释的有如下三种：①立法解释。②行政解释。③司法解释。

## （四）税收法定主义原则

税收法定主义原则是税法至为重要的基本原则，或称税法的最高法律原则。税收法定主义原则是确定国家征税和纳税人纳税的根本原则。该原则的基本含义可以表述为：税法主体及其权利和义务必须由法律加以规定，税法的种类、构成要素皆必须且只能由法律予以明确规定，没有法律依据，任何主体不得征税，国民也不得被要求缴纳税款。

税收法定主义原则的内容可以概括为三个原则，即课税要素法定原则、课税要素明确原则和课税程序合法原则。

# 二、税制要素

## （一）税收制度

税收制度的概念可从广义和狭义两种角度理解。广义的税收制度是税收的各种法律制度的总称，它包括国家的各种税收法律法规、税收管理体制、征收管理制度以及税务机关内部管理制度等。狭义的税收制度是指税收法律制度，主要是从税政管理的角度来研究的税制。它的研究对象是根据一个国家现实的生产发展水平和经济结构等情况，研究税种、税目、税率的配置和设计，为税制改革、税收立法提供理论和可行的依据。

## （二）税收制度的构成要素

税收制度的构成要素，亦称"税法构成要素"，是指组成税收法律制度的共同因素。

### 1. 税收制度的基本要素

税收制度的基本要素有如下方面：第一，纳税人。第二，征税对象，亦称征税客体，指对什么课税，即国家征税的标的物。①征税范围亦称课税范围。②税目。亦称课税品目、征税品目，是税法规定应征税的具体项目，是征税对象的具体化。③计税依据。它是指计算应纳税额所依据的标准，即根据什么来计算纳税人应缴纳的税额。④计税标准。它有两个含义：一是指划分课税对象适用税目税率所依据的标准；二是指计算应纳税额的依据，与计税依据同义。⑤税类。⑥税种。一个税种（一种税收）一般由若干税制要素构成计税标准。⑦税基。它是指征税的客观基础。广义税基是指抽象意义上的征税基础；中义税基是指具体税种的征税基础，也可称为征税对象；狭义税基是指计算税额的征税基础，也可称为计税依据。⑧税源。指税收的源泉，即税收的最终出处。第三，税率。税率是应纳税额与征税对象数额（量）之间的法定比例，是计算税额和税收负担的尺度，体现征税的程度，是税收制度的中心环节，是税收制度中最活跃、最有力的因素。税率一般分为比例税率、累进税率和定额税率，不同税率又可细分为若干税率形式。

税率的基本形式有：

①比例税率

它是指对同一征税对象，不论数额大小，均按同一比例计征的税率。一般适用于商品流转额的课税。在具体运用上，比例税率又可分为产品比例税率、地区差别比例税率和幅度比例税率。

②累进税率

它是指随征税对象数额或相对比例的增大而逐级提高税率的一种递增等级税率，即按征税对象或相对比例的大小，划分为若干不同的征税级距，规定若干高低不同的等级税率。累进税率又可分为全额累进税率、超额累进税率、全率累进税率、超率累进税率、超倍累进税率等几种，其中使用时间较长和应用较多的是超额累进税率。

为解决超额累进税率按原理计税在技术上的复杂性，实际工作中通常采用经过简化的计税方法，即"速算扣除数法"。其计算公式为：

$$应纳税额 = 应税所得额 \times 适用税率 - 速算扣除数$$

$$本级速算扣除数 = （本级税率 - 上一级税率）\times 上级征税对象的最高数额 + 上一级速算扣除数$$

③定额税率

又称"固定税额"，是指对每一单位的征税对象直接规定固定税额的一种税率。它是税率的一种特殊形式，一般适用于从量计征的税种，具体运用时，又可分为地区差别定额税率、幅度定额税率和分类分级定额税率等形式。

## 2. 税收制度的其他要素

(1) 纳税环节

纳税环节是指税法规定的商品的整个流转过程中应当缴纳税款的环节。按照纳税环节的多少，可分为一次课征制、两次课征制和多次课征制。

(2) 纳税期限

纳税期限一般是指税法规定的纳税人申报缴纳税款的间隔时间。从我国现行各税种看，纳税期限分按年征收、按季征收、按月征收、按天征收和按次征收等多种形式。

(3) 减税免税

减税是从应征税款中减征部分税款；免税是免征全部税款。减税免税有针对纳税人的，也有针对课税对象的。减税免税的方式分为以下两种：

①税基式减免

它是通过直接缩小计税依据的方式实现的减税免税，具体包括起征点、免征额、项目扣除以及跨期结转等，其中起征点是征税对象达到一定数额开始征税的起点。免征额是在征税对象的全部数额中免征税的数额。起征点与免征额同为征税与否的界限，对纳税人来说，在其收入没有达到起征点或没有超过免征额的情况下，都不征税。

②税额式减免

它是通过直接减少应纳税额的方式实现的减税免税，具体包括全部免征、减半征收、核定减免率以及另定减征税额等。税收减免，也称税收支出，是指由于税收优惠而造成的政府收入损失。税收支出的形式，除上述各种减免税形式外，还包括税收抵免、延迟纳税等形式。

(4) 违章处理

违章处理是指对纳税人违反税法的行为所做的处罚，它是维护国家税法严肃性的一种必要措施，也是税收强制性的一种具体体现。违章处理的方式主要有：加收滞纳金、处以罚款、通知银行扣款、吊销税务登记证、提请工商行政管理部门吊销营业执照、移送司法机关追究刑事责任等。

### 三、我国现行税收法律制度

我国现行税收法律制度是由法律、法规和规章组成的一个统一的法律体系。我国现行税收法律制度共由18个税种组成，按其性质和作用大致分为以下5类：

第一，货物和劳务税类（也称流转税类）。包括增值税、消费税、营业税、关税，主要在生产、流通或者服务业中发挥调节作用。

第二，所得税类。包括企业所得税、个人所得税，主要是在国民收入形成后，对生产经营者的利润和个人的纯收入发挥调节作用。

第三，财产税类。包括房产税、契税、车船税、船舶吨税，主要是对某些财产和行为发挥调节作用。

第四，资源税类。包括资源税、城镇土地使用税、耕地占用税、土地增值税，主要是对因开发和利用自然资源差异而形成的级差收入发挥调节作用。

第五，行为、目的税类。包括印花税、城市维护建设税、车辆购置税、烟叶税，主要是为了达到特定目的，对特定对象和特定行为发挥调节作用。

上述税种中，除企业所得税、个人所得税、车船税是以国家法律的形式发布实施以外，其他税种都是经全国人大授权立法，由国务院以暂行条例的形式发布实施。

我国税制改革按照优化税制结构、公平税收负担的原则，改革和健全货物和劳务税、所得税、资源税、财产税和其他税制，构建有利于科学发展和加快转变经济发展方式的税收体制机制，充分发挥税收筹集收入和调控经济、调节分配的作用。

# 第三节　税收负担与国际税收

## 一、税收负担

### （一）税收负担概述

1. 税收负担的概念

税收负担是指一定时期内纳税人因国家征税而承受的经济负担。税收负担可从两方面来考察：从绝对的角度看，它是指纳税人应支付给国家的税款额；从相对的角度来看，它是指税收负担率，即纳税人的应纳税额与其计税依据价值的比率。

2. 税收负担的衡量指标

无论什么类型的税收负担，总存在一个轻重大小的衡量问题，实践中一般采用相对数，即用税收负担率来衡量税收负担，按照税负层次的分类可具体分为：

（1）宏观税收负担的衡量指标

全社会税收总额与社会产出总量或总经济规模的对比关系。衡量宏观税负的指标主要是国民生产总值（或国内生产总值）负担率和国民收入负担率。其计算公式为：

国民生产总值（或国内生产总值）负担率 = 税收总额 / 国民生产总值（或国内生产总值）×100%

同国民生产总值负担率相比，国民收入负担率更能准确地衡量一国总体的税收负担水平。其计算公式为：

国民收入负担率 = 税收总额 / 国民收入 ×100%

(2) 微观税收负担的衡量指标

衡量微观税负比衡量宏观税负复杂，要使用量化的指标准确地计量间接税转嫁的程度很不容易，这造成微观税收负担的衡量指标往往只能作为参考性的指标，具体如下：

①企业（个人）综合税收负担率

企业（个人）综合税收负担率＝企业（个人）缴纳的各项税收的总和/企业总产值（个人毛收入）×100%

②直接税负担率

即企业（个人）缴纳的全部直接税与其收入的比率。实践中多采用纯收入直接税负担率的指标。

纯收入直接税负担率＝企业（个人）一定时期缴纳的所得税（包括财产税）/企业（个人）一定时期获得的纯收入×100%

③企业流转税税负率

企业流转税税负率＝实际缴纳的流转税税额/同期销售收入（营业收入）×100%

④企业所得税税负率

企业所得税税负率＝实际缴纳的所得税税额/同期实现利润总额×100%

3. 影响税收负担的主要因素

（1）经济因素

影响税收负担的主要经济因素有如下方面：①经济发展水平或生产力发展水平。②一国的政治经济体制。③一定时期的宏观经济政策。

（2）税制因素

影响税收负担的主要税制因素有如下方面：①征税对象。在其他因素既定的情况下，征税对象的范围和数额越大，税负水平越高；反之，则越低。②计税依据。计税依据是直接用于计算税额的要素，它与税额的大小以及税负的高低关系密切。③税率。在其他要素不变的情况下，税率直接决定着税负的高低，即税率越高，税收负担越高；反之，则越低。可以说，税率与税收负担有着最为直接的关系。一般来说，税率累进的程度越大，纳税人的名义税率与实际税率、边际税率与平均税率的差距也越大。④减免税。减免税对税收负担的影响主要表现在依照税法规定减少纳税人的部分税收负担或免除纳税人的全部税收负担。这是使纳税人税收负担减轻的因素。⑤税收附加和加成。与减免税相反，税收的附加和加成是使纳税人税收负担加重的税制因素，在纳税人按法定税率已形成的应纳税额基础上再多征一定的数额，从而使得纳税人实际负担的税收加重。

（二）税收负担的转嫁与归宿

1. 税负转嫁与归宿的概念

所谓税负转嫁，是指纳税人通过各种途径将应缴税金全部或部分地转给他人负担从而造成纳税人与负税人不一致的经济现象。

所谓税负的归宿，是指税收负担的最终归着点。税收经过转嫁的过程最终会把负担落在负税人身上，这时税收的转嫁过程结束，税收负担也找到其最终的归宿。

2. 税负转嫁的形式

税负转嫁，也有经济学家称之为税收辗转，其基本形式有以下四种：

（1）前转，亦称"顺转"

指纳税人在进行货物或劳务的交易时通过提高价格的方法将其应负担的税款向前转移给货物或劳务的购买者或最终消费者负担的形式。一般认为，前转是税负转嫁的最典型和最普通的形式，多发生在货物和劳务征税上。

（2）后转，亦称"逆转"

指纳税人通过压低生产要素的进价从而将应缴纳的税款转嫁给生产要素的销售者或生产者负担的形式。

（3）消转，亦称"税收转化"

即纳税人对其税收负担既不向前转嫁也不向后转嫁，而是通过改善经营管理或改进生产技术等方法，自行消化。严格地说，消转并未将税收负担转移给他人，这是一种较为特殊的形式。

（4）税收资本化，亦称"资本还原"

即生产要素购买者将购买的生产要素未来应纳税款，通过从购入价格中扣除的方法，向后转移给生产要素的出售者的一种形式。

3. 税负转嫁的条件

（1）商品经济的存在

随着商品经济的产生，出现商品的市场交易，多环节、多层次的流通交换过程为税负的转嫁提供了可能。

（2）自由的价格体制

税负转嫁一般是通过价格的变动实现的，需要市场价格的可变性和各市场主体的自由定价权作为支撑。

4. 税负转嫁的一般规律

第一，供给弹性较大、需求弹性较小的商品的征税较易转嫁。

第二，对垄断性商品课征的税较易转嫁。

第三，流转税较易转嫁。

第四，征税范围广的税种较易转嫁。

## 二、国际税收

### （一）国际税收概述

1. 国际税收的概念

国际税收是指两个或两个以上国家政府，因行使各自的征税权力，在对跨国纳税人进行分别征税而形成的征纳关系中所发生的国家之间的税收分配关系。这个概念包括以下两重含义：

第一，国际税收不是一种独立的税种，而是由于各相关的跨国经济活动而形成的一种税收分配关系，这种国际税收分配关系的载体仍然是一般的国家税收。

第二，国际税收不能离开跨国纳税人，若纳税人不具备跨越国境的征税要素，则通常只承担一个国家的纳税义务，也不涉及别国的财政利益，国际税收关系就无从发生。

2. 国际税收的研究内容

国际税收的研究对象是各国政府为协调国际税收分配活动所进行的一系列税收管理并采取的措施，以及由此而形成的国与国之间的税收分配关系及其处理准则和规范。通常认为国际税收主要研究所得税和资本收益税方面的问题。

概括起来，国际税收需要研究的重要内容主要有：税收管辖权、国际重复征税的产生与免除、国际避税与反避税等。

### （二）税收管辖权

1. 税收管辖权的概念及确定原则

税收管辖权是指国家主权在税收领域中的体现，是一国政府行使主权征税所拥有的各种权力。税收管辖权的确定原则可分为属地主义原则和属人主义原则。

第一，属地主义原则是以纳税人的收入来源地或经济活动所在地为标准确定国家行使管辖权的范围的原则，这是各国行使税收管辖权的最基本原则。

第二，属人主义原则是以纳税人的国籍和住所为标准确定国家行使税收管辖权范围的原则。即对该国的居民（包括自然人和法人）行使征税权力的原则。

2. 税收管辖权的种类

对应税收管辖权确立的属地主义和属人主义的不同原则，税收管辖权可分为收入来源地管辖权和居民管辖权。

收入来源地管辖权亦称"地域管辖权",是按照属地主义原则确立的税收管辖权,即一国政府只对来自或被认为是来自本国境内的所得拥有征税权力。

居民管辖权是按照属人主义原则确立的税收管辖权,即一国政府对本国居民的全部所得拥有征税权力,无论该收入是否来源于该国。

3. 税收管辖权的选择

目前,多数国家包括我国,都是同时实行属人和属地两类税收管辖权。

### (三)国际重复征税的产生与免除

1. 国际重复征税的概念及其产生的原因

国际重复征税是指两个或两个以上国家对跨国纳税人的同一征税对象或税源进行分别征税所形成的交叉重叠征税。情况下,这种重叠征税是由两个国家产生的,所以,又被普遍称为国际双重征税。

首先,产生国际重复征税的前提是纳税人在其居住国以外的其他国家获取收入,并且各国均征收所得税。

其次,产生国际重复征税的根本原因是各国税收管辖权的交叉。

最后,在各国都实行单一的税收管辖权时,由于各国对居民或收入来源地的认定标准不同,也会出现居民管辖权和居民管辖权的交叉,或地域管辖权与地域管辖权的交叉,从而也会产生国际重复征税。

2. 国际重复征税的免除

对如何处理国际重复征税问题,可以采取的方式和方法主要有低税法、扣除法、免税法和抵免法。

(1) 低税法

居住国政府对其居民国外来源的所得,单独制定较低的税率征税,以减轻重复征税。低税法只能在一定程度上降低重复征税的数额,但不能彻底解决重复征税问题,只有当单独制定的较低税率趋于零时,国际重复征税才趋于彻底免除。

(2) 扣除法

居住国政府对其居民取得的国内外所得汇总征税时,允许居民将其在国外已纳的所得税视为费用在应纳税所得中予以扣除,就扣除后的部分征税。这种方法也不能彻底解决重复征税。

(3) 免税法

亦称"豁免法",居住国政府对其居民来源于非居住国的所得额,单方面放弃征税权,从而使国际重复征税得以彻底免除,这种方法是承认收入来源地管辖权的独占地位,因而会使居住国利益损失较大。

（4）抵免法

居住国政府对其居民的国外所得在国外已纳的所得税，允许从其应汇总缴纳的本国所得税款中抵扣。税收抵免是承认收入来源地管辖权优先于居民管辖权，是目前解决国际重复征税最有效的方法。在实际应用中，抵免法又分为直接抵免和间接抵免两种方法。直接抵免适用于同一经济实体的跨国纳税人，如总公司与分公司之间汇总利润的税收抵免。间接抵免适用于跨国母子公司之间的税收抵免，是指居住国政府对其母公司来自外国子公司股息的相应利润所缴纳的外国政府所得税，允许母公司在应缴本国政府所得税内进行抵免。

抵免限额的规定具体有三种方法，即分国抵免限额、综合抵免限额、分项抵免限额。

①分国抵免限额

即居住国政府对其居民纳税人来自每一个外国的所得，分别计算抵免限额。其计算公式为：

分国抵免限额＝国内外应税所得额×本国税率×（某一外国应税所得额/国内外应税所得额）

②综合抵免限额

即居住国政府对其居民纳税人的全部外国来源所得，不分国别、项目汇总在一起计算抵免限额。其计算公式为：

综合抵免限额＝国内外应税所得额×本国税率×（国外应税所得额/国内外应税所得额）

采用综合抵免限额法，可以使跨国纳税人在不同的国家发生的不足限额和超限额部分相互抵消，纳税人可获得最大限度的抵免。

③分项抵免限额

分项抵免限额实际上是对综合抵免限额的一种补充，也是以维护居住国利益为出发点的。其计算公式为：

分项抵免限额＝国内外应税所得额×本国税率×（国外某一单项所得额/国内外应税所得额）

此外，还有一个与税收抵免联系密切的问题就是税收饶让，是指居住国政府对其居民在国外得到的所得税减免优惠的部分，视同在国外实际缴纳的税款给予税收抵免，不再按居住国税法规定的税率进行补征。

## （四）国际避税与反避税

1. 国际避税的概念及其产生的原因

国际避税是跨国纳税人利用各国税法规定的差异和漏洞，以不违法的手段减轻或消除国际税负的行为。探究国际避税产生的具体原因主要有两方面：

第一，跨国纳税人对利润的追求是国际避税产生的内在动机；

第二，各国税收制度的差别和税法的缺陷是国际避税产生的外部条件。

## 2. 国际反避税

各国政府都在积极应对，通过完善税法和加强征管等单方面措施以及国际间多边合作管理来防范国际避税活动，这称为国际反避税。

（1）税法的完善

国际避税是利用各国税法的差异和漏洞来进行的，因此反避税的一个重要措施便是弥补税法的漏洞和缺陷，具体体现在：①税制的完善；②加强税收立法，制定专门的反避税条款；③国际避税案件的裁定还应该形成相应的法规，作为法院或税务官员对国际避税有关事宜做出裁定的依据。

（2）加强税务管理

如采用先进的征管手段，加强税务调查与审计，培养高素质、经验丰富的税务官员等。

（3）加强国际多边合作

包括各国政府间税收信息、资料的提供，以及政府间签订协议合作监督某些贸易行为的进行等。

## （五）国际税收协定

### 1. 国际税收协定及其种类

所谓国际税收协定，是指两个或两个以上的主权国家，为了协调处理相互之间跨国纳税人征税事务方面的税收关系，本着对等的原则，通过政府谈判所签订的一种书面税收协议或条约。

国际税收协定，按参加国的多少可分为双边和多边两类。目前，虽有一些多边国际税收协定，但大量是双边国际税收协定。

国际税收协定，按其涉及的内容和范围的大小可分为两类。凡是协议内容适用于缔约国之间各种税收问题的，称为一般国际税收协定。如协议内容仅适用于某项特定税收问题的，则称为特定国际税收协定。

### 2. 国际税收协定的作用

国际税收协定在国际经济交往中具有多方面的作用：①国际税收协定体现主权国家之间相互尊重和平等协商。②国际税收协定赋予本国居民履行跨国纳税义务的安全保障。③国际税收协定本身就是适应国际经济技术交流需要的产物。

### 3. 国际税收协定范本

目前国际上最重要、影响力最大的两个国际税收协定范本为：经济合作与发展组织的《关于对所得和财产避免双重征税的协定范本》，即《OECD协定范本》；联合国的《关于发达国家与发展中国家间避免双重征税的协定范本》，即《UN协定范本》。是两个国际组织为了协调和指导各国签订双边税收协定或多边税收协定而制定并颁布的示范性文本。

# 第五章　税收制度与商品课税

## 第一节　税收制度

### 一、税制类型

税制类型是指按照一定标准对税收制度进行分类而形成的类别模式。税收制度分为单一税制和复合税制，这是税收制度的基本分类。如果以主体税种为标准，还可将税制分为以所得税为主体的税制，以流转税为主体的税制，以财产税为主体的税制和以所得税、流转税为双主体的税制等。

#### （一）单一税制

单一税制是指一个国家只征收一种税的税收制度。这种税制只在理论上存在，难以在实践中施行。在税收理论发展史上，与不同时期的政治主张、经济学说相呼应，曾有不少学者提出过实行单一税的理论主张，大致可归为单一土地税、单一消费税、单一财产税和单一所得税等。

1. 单一土地税论

单一土地税制由18世纪初以布阿吉尔贝尔为代表的重农学派首创，布阿吉尔贝尔提出土地纯收益税论，并认为只有土地才是价值的源泉，土地生产剩余产品并形成土地所有者的纯收益，故应课征于土地，实行单一土地税制。土地税不能转嫁，若课征于他物，最终还要由土地纯收益负担。19世纪中叶美国庸俗资产阶级经济学家亨利·乔治（Henry George）倡导土地价值税论。按照他的观点，每年要对土地所有者所获得的经济租金征收100%或接近100%的税款。经济租金完全是一种不劳而获的剩余，这种剩余不应归土地所有者占有而应交给国家，以满足国家的全部开支。他认为，实行单一税制可消除不平等和贫困，是促进经济发展的税收政策的一种工具。

2. 单一消费税论

英国人霍布斯（Thomas，Hobbes）以17世纪刚刚萌芽的利益说为理论依据，主张单一消费税制。他认为，消费税可以反映人民受自国家的利益。19世纪中叶，德国人普费菲（Pfeiffe）等倡导从税收的社会原则出发，税收应以个人支出为课征标准，人人消费，则人人纳税的消费税最能符合税收的普遍原则；同时还认为，消费是纳税人的纳税能力的体现，消费多者负税能力大，消费少者负税能力小，这也符合税收的平等原则。

3. 单一所得税论

单一税制的主张之所以能产生，是因为主张者们认为单一税有如下的优点：征税范围明确，便于征纳；课税次数较少，利于生产流通；纳税人易于接受，减少苛扰之弊；手续简单，可以减少征管机构，节约征管费用。反对单一税制主张的许多学者则认为单一税制有如下缺点：筹资渠道单一，财政收入难以保障；调节落点单一，难以充分和全面发挥税收作用；收入弹性很小，难以适应各方面需要；课税范围狭小，难以达到普遍征收的目的；税负偏重一方，有失公平、合理。

由于单一税制结构无法保证财政收入的充裕、稳定和可靠，也不能充分发挥税收对社会经济进行有效的调控作用，且课税对象单一，容易导致税源枯竭，妨碍国民经济协调发展，更无法实现税负公平，因而它只不过是一种纯理论上的设想，只停留在理论讨论阶段，至今世界各国无一付诸实施。各国实行的税收制度都是复合税制。

## （二）复合税制

复合税制是指一个国家同时开征两个以上税种的税收制度。由于复合税制具有多种税同时征收的特点，可在税制系统内部税种之间发挥相互协调、相辅相成的功效；就财政收入而言，税源广，弹性充分，能保证财政收入充裕可靠；就税收政策而言，具有平均社会财富、稳定国民经济的功能；就税收负担而言，税收落点全面，普遍、公平；就税收作用而言，多种税并用，可以充分发挥税收的作用。鉴于复合税制具有这些优点，世界各国均采用复合税制。我国采用的也是复合税制。

在当今世界各国，复合税制都包括若干税种，每一种税都有不同的课税对象，但所有税的纳税人不外乎企业和个人，这就对税制设计提出了更高的要求。在选择税种、税源，确定税目、税率等方面，应根据本国国情，既要考虑到能否符合税收原则的要求，还要考虑每种税之间的关系和搭配，更要考虑税收负担和税收负担能力、征管能力。

为了便于对税制的研究，制定科学的税收制度，还有必要对组成复合税制的税种进行分类。比如，可以根据课税对象，将税种分成流转税、所得税、财产税和行为税；可以以存续时间为标准，将税种分为经常税、临时税；可以按税收征收形式，将税种分为实物税、货币税和劳役税；可以按课征目的，将税种分为一般税、特定税；可以按税收负担方式，将税种分为直接税和间接税。按照这些方法划分的税收类别也是税制类型另一个侧面的体现。

## 二、税制结构

税制结构是指一国税收体系的整体布局和总体构造，是由税类、税种、税制要素和征收管理层次所组成的，分别主次、相互协调、相互补充的整体系统。税制结构主要包括三个层次：第一个层次是不同税类的地位和相互关系。第二个层次是同一税类内部和不同税类的各个税种之间的相互关系。第三个层次是各个税制要素之间的相互关系。税制结构问题可以说是税制设计的根本战略问题，合理的税制结构是实现税收职能作用的首要前提，它决定税收作用的范围和深度。

### （一）税制结构的分类

税制结构的划分标准有不同的角度，可以从税源角度划分、从课税客体性质角度划分、从税种特点角度划分、从负担能力角度划分、从社会再生产过程中的资金运动角度划分、从税收管辖权角度划分。通常情况下，可以把税制结构分为单一主体税种的税制结构和双主体税种的税制结构两大类。

1. 单一主体税种的税制结构

单一主体税种的税制结构根据主体税种的不同，在当今世界各国主要存在两大模式，一个是以所得税为主体，另一个是以商品税（流转税）为主体。

在以所得税为主体的税制结构中，个人所得税、社会保障税、企业所得税占据主导地位，同时辅之以选择性商品税、关税和财产税等以弥补所得税功能的欠缺。以所得税作为直接税，税负不易转嫁，并且可采用累进税率，实现对高收入者多课税、对低收入者少课税原则，体现纵向和横向公平，对社会分配的公平起到了调节作用。再者，以所得税为主体的税制结构在促进宏观经济稳定方面可以发挥重要的作用。在经济发展的高涨时期，通过税率的自动爬升，把更多的收入从纳税人手中征集到政府手中，从而降低整个社会的需求能力，能够在一定程度上缓解经济过热的局面，保持总供给与总需求的平衡；在经济萧条时期，通过税率的自动降低，把更多的收入留在纳税人手中，从而提高整个社会的购买能力，能够在一定程度上刺激社会需求的回升。累进税制富有弹性，对宏观经济具有自动稳定的功能。

在以商品税为主体的税制结构中，一般营业税、增值税、销售税、货物税、消费税等税种作为国家税收收入的主要筹集方式，其税额占税收收入总额比重大，并对社会经济生活起主要调节作用，而所得税、财产税、行为税等作为辅助税，发挥弥补商品税功能欠缺的作用。以商品税为主体的税制结构的突出优点首先体现在筹集财政收入上，由于商品税的计税依据一般为经营过程中的流转额,一般选择在生产和流通环节征税,征收范围广、税源充足,可保证财政收入及时、稳定、可靠。其者,在促进经济效率的提高上,商品税也可以发挥重要的作用。商品税是间接税,易于转嫁,但只有其产品被社会所承认,税负才能转嫁出去,因此,商品课税对商品经营者具有一种激励机制。另外,从征收效率角度来看,商品税征管容易,征收费用低。

2. 双主体税种的税制结构

双主体税种的税制结构即以所得税、商品税为双主体的税制结构。在这类税制结构中,商品税和所得税并重,均居主体地位,这两类税收的作用相当,互相协调配合,兼容两种税制模式的各自优势,可更好地发挥税收的整体功能,既能保持流转税征税范围广、税源充足,保证财政收入的及时性和稳定性以及征收简便等特点,也能发挥所得税按负担能力大小征收、自动调节经济和公平分配等特点,即两个主体税类优势互补。这类税制结构不仅在发展比较快的发展中国家采用,而且也开始引起以所得税为主体税种的发达国家的重视。

## (二)影响税制结构的因素

各国税制结构的选择受诸多方面的影响,主要包括以下方面:

1. 生产力水平

税收取自社会财富,生产力水平的高低直接决定着人均国民生产总值的高低,经济发展水平影响税收收入的源泉。

2. 经济结构

经济结构决定税源结构,从而决定税制结构。税制结构只能建立在既定的经济结构之上,受既定的经济结构的影响。以产业结构为例,产业结构直接影响着税种的设置和不同税种的地位,有什么样的产业才有什么样的税源,有什么样的税源,才能根据这样的税源开征相应的税种。

3. 政府调节经济的意图

由于不同税种对经济具有不同的调节作用,各国政府调节经济的意图不同,税制结构就会不同。

4. 税收征管水平

税制结构的预期目标要通过税收征管来实现,一定的税收征管水平又会制约税制结构的选择。

5. 历史原因

一个国家税制结构的选择，会受历史传承、重大事件（如战争）等因素影响。

6. 国际影响

在经济全球化的今天，一国税制还往往受到别国税制的影响。税收的国际竞争，会使各国关注别国税制的变化，以避免在国际竞争中处于劣势地位。

# 第二节　税收管理制度

## 一、税收管理制度的概念及分类

税收管理是国家以法律为依据，根据税收的特点及其客观规律，对税收参与社会分配活动全过程进行决策、计划、组织、协调和监督控制的一系列活动。税收管理的具体内容包括税收法制管理、税收征收管理、税收计划管理、税务行政管理。为保证税务管理活动实施的法律、法规、规章、规范构成税收管理制度。

税收管理制度有广义和狭义之分，广义的税收管理制度按其管理内容可划分为四类：①税收法制管理制度。该制度涉及税法的制定和实施，具体包括税收立法、税收执法和税收司法全过程的制度。②税收征收管理制度。这是一种执行性管理制度，是指税法制定之后，税务机关组织、计划、协调、指挥税务人员，将税法具体实施的制度，具体包括税务登记管理、纳税申报管理、税款征收管理、减税免税及退税管理、税收票证管理、纳税检查和税务稽查、纳税档案资料管理。③税收计划管理制度。该制度主要包括税收计划管理、税收重点税源管理、税收会计管理、税收统计管理等方面的制度。④税务行政管理制度。该制度又称税务组织管理制度，是有关税务机关内部的机构设置和人员配备的制度和规范，具体包括税务机构的设置管理、征收机关的组织与分工管理、税务工作的程序管理、税务人员的组织建设与思想建设管理、对税务人员的监督与考核、税务行政复议与诉讼的管理等方面的制度和规范。狭义的税收管理制度是指税收征收管理制度，这是征纳双方关注的焦点。在税收问题上，除了税制设计外，政府最重要的工作莫过于强化税收征收管理，税收征收管理是税务管理的核心，在整个税务管理工作中占有十分重要的地位。

## 二、税收管理制度的功能

税收管理对决定实际的或有效的税收制度起着关键作用。要保证国家满足公共需要和行使职能的需要，使税收能够及时、足额地上缴国库，并充分发挥税收的职能作用，就离不开税务管理制度的规范。

## （一）保护征纳双方的利益

税收管理过程实质上就是依法确保税收收入的过程。税收管理制度作为管理依据和规程，可以要求征纳双方严格遵守税法，依法征税和纳税，做到有法可依、有章可循，即规范纳税人的纳税行为，规范征收机关和税务人员的征税行为，尤其是提高执法人员的执法意识，尽量减少违规执法或执法不当的现象，保护征纳双方的权益。

## （二）实现税收职能

税收管理制度是税收制度得以顺利实施的重要保证，也是税收职能得以实现的重要保证。征收管理活动是围绕着税款征收这一中心任务展开的，征收管理制度的制定和实施可以保证税款征收工作顺利完成，在管理过程中能够了解国民经济发展情况、纳税人对税法的执行情况、税制设计是否符合客观经济状况，并能及时把这些信息反馈给国家决策机关，实现税收的财政职能、调节职能和监督职能。

## （三）完善法律法规体系

税收制度和税收管理制度都是国家法律法规体系的重要组成部分。税收管理制度从程序和管理角度规范征纳双方行为，在税收制度层面不可或缺。完整的税法体系应当包含四部分：完备的税收法律规范体系、高效的税收法治实施体系、严密的税收法治监督体系以及有力的税收法治保障体系。实现立法和改革决策相衔接，做到重大改革于法有据、立法主动适应改革和经济社会发展需要。这对加快完善法律法规体系提出了高要求。

## 三、纳税人的权利和义务及法律责任

纳税人作为税收法律关系中负有纳税义务的一方当事人，税收法律法规赋予其权利、义务，并明确了其相关法律责任。

## （一）纳税人的权利

改革开放以来，纳税人的权利在我国税法中得到越来越多的体现，我国现行税法中赋予纳税人的权利主要包括以下几种：

1. 知情权

纳税人和扣缴义务人有权向税务机关了解国家税收法律、行政法规的规定以及纳税程序等有关情况。

**2. 隐私保密权**

纳税人和扣缴义务人有权要求税务机关为纳税人、扣缴义务人的情况保密。

**3. 申请减免税权**

纳税人有依法申请减免税的权利。

**4. 陈述权、申辩权等**

纳税人、扣缴义务人对税务机关所做的决定，享有陈述权、申辩权；依法享有申请行政复议、提请行政诉讼和请求国家赔偿权。

**5. 延期纳税权**

纳税人因为特殊困难，不能按期缴纳税款的，经县以上税务局（分局）批准，可以延期纳税，但最长不得超过3个月。

**6. 多缴税款申请退还权**

对多缴纳的税款，纳税人可在税法规定的时限内申请退还。

**7. 委托税务代理权**

纳税人有权委托税务代理中介机构和人员代为办理税务事宜。

**8. 享受纳税服务权**

纳税人有权要求在纳税过程中得到税务人员的礼貌对待和享受高效率的服务。

**9. 筹划权**

纳税人在合法和具有正常商业目的的前提下，筹划、安排自身经营、理财、核算的行为应该得到保护。

## （二）纳税人的义务

纳税人的义务是税法规范的重点和核心，相关规定分别在宪法、实体法和程序法中列示。首先，我国《宪法》第五十六条规定："中华人民共和国公民有依照法律纳税的义务。"其次，从纳税主体角度看，税收实体税法内容确定的即纳税主体的基本义务。最后，在税收程序法中也规定了纳税主体的相关义务。

《中华人民共和国税收征收管理法》从程序法角度规定的纳税主体的主要义务有：依

法办理纳税登记、变更登记或重新登记；依法设置账簿，合法使用有关凭证；按规定定期向税务机关报送纳税申报表、财务会计报表和其他有关资料；按期进行纳税申报，及时、足额地缴纳税款；主动接受和配合税务机关的纳税检查；违反税法规定的纳税人，应按规定缴纳滞纳金、罚款，并接受其他法定处罚。

## （三）法律责任

法律责任是指税收征税主体和纳税主体双方违反税收法律法规而必须承担的法律上的责任，也就是由于违法行为而应当承担的法律后果。法律责任与法律制裁相联系，违法行为是法律责任的前提，法律制裁是法律责任的必然结果。按照违法的性质、程度不同，法律责任可以分为刑事责任、行政责任和民事责任，法律制裁相应分为刑事制裁、行政制裁（行政处罚、处分）和民事制裁。

### 1. 违反税务管理的法律责任

纳税人有下列行为之一的，如不按规定的期限申报办理税务登记、变更或注销登记的，不按规定设置、保管账簿或者保管记账凭证和有关资料的，不按规定将财务、会计制度或者财务、会计处理办法和会计核算软件报送税务机关备查的，由税务机关责令限期改正，可处以2 000元以下的罚款；情节严重的，可处以2 000元以上1万元以下的罚款。

不按规定的期限办理纳税申报和报送纳税资料的，由税务机关责令限期改正，可处以2 000元以下的罚款；情节严重的，可处以2 000元以上1万元以下的罚款。

扣缴义务人未按规定设置、保管代扣代缴、代收代缴税款账簿或保管代扣代缴、代收代缴税款记账凭证和有关资料的，由税务机关责令限期改正，可处以2 000元以下的罚款；情节严重的，可处以2 000元以上5 000元以下的罚款。

扣缴义务人未按规定的期限向税务机关报送代扣代缴、代收代缴税款报告表的，由税务机关责令限期改正，可处以2 000元以下的罚款；情节严重的，可处以2 000元以上1万元以下的罚款。

### 2. 偷税的法律责任

纳税人采取伪造、变造、隐匿、擅自销毁账簿、记账凭证，或者在账簿上多列支出或者不列、少列收入，或者采取虚假的纳税申报的手段，不缴或少缴应纳税款的，属偷税行为，税务机关应追缴其所偷税款并处50%以上、5倍以下的罚款。

对偷税数额占应纳税额的10%以上并且偷税数额超过1万元的，或因偷税被税务机关给予两次行政处罚又偷税的，视其情节轻重，处3年以下、3年以上7年以下有期徒刑，并处偷税数额1倍以上5倍以下罚金。

扣缴义务人采取上述手段，不缴或少缴已扣、已收税款，数额占应纳税额的10%以上并且数额在 1 万元以上的，依照上述规定处罚。

3. 抗税的法律责任

以暴力、威胁方法拒不缴纳税款的，属抗税行为，处 3 年以下有期徒刑或者拘役，并处 1 倍以上 5 倍以下罚金；情节严重的，处 3 年以上 7 年以下有期徒刑，并处拒缴税款 1 倍以上 5 倍以下罚金。

4. 欠税的法律责任

纳税人欠缴应纳税款，采取转移或隐匿的手段，致使税务机关无法追缴税款，数额在 1 万元以上的，视其情节轻重，处 3 年以下、3 年以上 7 年以下有期徒刑，并处欠缴税款 1 倍以上 5 倍以下罚金。纳税人向税务人员行贿，不缴或少缴税款的，移送司法机关处理。

5. 虚开、伪造和非法出售增值税专用发票的法律责任

其具体如下：①虚开增值税专用发票或者虚开用于骗取出口退税、抵扣税款的其他发票的，视其情节轻重，可处 3 年以下、3 年以上、10 年以上有期徒刑或者无期徒刑，并处罚金或者没收财产；骗取国家税款数额特别巨大、情节特别严重、给国家利益造成特别重大损失的，处无期徒刑或者死刑，并处没收财产。②伪造或者出售伪造的增值税专用发票的，视其情节轻重，可处 3 年以下、3 年以上、10 年以上有期徒刑或者无期徒刑，并处罚金或者没收财产；伪造并出售伪造的增值税专用发票，数量特别巨大、情节特别严重、严重破坏经济秩序的，处无期徒刑或者死刑，并处没收财产。③非法出售增值税专用发票的，视其情节轻重，可处 3 年以下、3 年以上、10 年以上有期徒刑或者无期徒刑，并处罚金或者没收财产。④非法购买增值税专用发票或者购买伪造的增值税专用发票的，处 5 年以下有期徒刑或者拘役，并处或者单处 2 万元以上 20 万元以下罚金。⑤伪造、擅自制造或者出售伪造、擅自制造其他发票的，视其情节轻重，可处 2 年以下、2 年以上 7 年以下有期徒刑，并处罚金。

6. 擅自减税免税的法律责任

任何机关单位和个人不得违法，擅自做出税收开征、停征以及减税、免税、退税、补税的决定。违法擅自决定税收的开征、停征或者减税、免税、退税、补税的，除依照规定撤销其擅自做出的决定外，补征应征未征税款，退还不应征而征收的税款，并由上级机关追究直接责任人员的行政责任。

7. 税务人员违法的法律责任

其具体如下：①税务人员利用职务之便，收受或者索取纳税人、扣缴义务人财物或谋取其他不正当利益，构成犯罪的，按照受贿罪追究刑事责任；未构成犯罪的，依法给予行

政处分。②税务人员与纳税人、扣缴义务人勾结，唆使或者协助纳税人、扣缴义务人犯偷税、抗税罪，构成犯罪的，按照刑法关于共同犯罪的规定处罚；未构成犯罪的，依法给予行政处分。③税务人员徇私舞弊或玩忽职守，不征或者少征应征税款，致使国家税收遭受重大损失，构成犯罪的，依照《刑法》第一百八十七条的规定追究刑事责任；未构成犯罪的，依法给予行政处分。税务人员违反规定，在发售发票、抵扣税款、出口退税工作中玩忽职守，致使国家利益遭受重大损失的，处 5 年以下有期徒刑或拘役。④税务人员滥用职权，故意刁难纳税人、扣缴义务人的，调离税收工作岗位，并依法给予行政处分。

# 第三节　商品课税

## 一、商品税的含义和一般特征

商品课税泛指所有以商品为征税对象的税类。就我国现行税制而言，包括增值税、营业税、消费税、土地增值税、关税及一些地方性工商税种。

### （一）商品税的含义

商品税是指对商品的流转额和非商品营业额（提供个人和企业消费的商品和劳务）课征的各税种的总称，在国际上也通称为"商品和劳务税"，它与财产税和所得税共同构成当代税收的三大体系，是各国取得财政收入的主要手段。

商品税的计税依据是商品的流转额，因而商品税也被称为"流转税"，主要包括增值税、消费税、营业税和关税四个税种。商品税的各税种之间联系密切，各税种覆盖了商品的生产、交换、分配和消费等环节，这使得只要发生市场交易行为就要课征商品税，因而有力地保证了国家获得大量稳定的税收收入。

### （二）商品税的一般特征

商品税同其他税类相比，具有以下几方面的特性：

1. 课税对象是商品和劳务

商品税是对物税，其课税对象是商品和劳务，而不是所得和财产，这是商品税与所得税和财产税的重要区别。

2. 以流转额为计税依据

商品税的计税依据是商品的流转额，即商品流通、转让的价值额。这里的流转额既可能是流转总额（如销售额、营业额等），也可能是流转的增值额，由此也就形成了商品税的各个税种之间的主要差别。

### 3. 存在重复课税

一般来说，商品课税存在多环节课征问题，即每一商品进入最终消费者手中要经过多道环节，而每经过一个流通环节就要纳税。因此，许多商品税税种（增值税从原理上说可以解决重复征税问题）会存在重复课税。

### 4. 税负容易转嫁

由于商品课税是在商品流通中进行的，是典型的间接税。只要商品能够销售、流转，则税负即可转嫁，故纳税人会很容易通过提高商品价格或压低购进价格，将税负转嫁给购买者或供应商。

## 二、增值税

### （一）增值税的概念与特点

#### 1. 增值税的概念

增值税是对商品生产与流通中或者提供劳务过程中实现的增值额征收的一种税，它在20世纪50年代由法国财政部官员法里斯·劳拉(Faris Laura)首先提出并率先在该国实行，后被世界许多国家普遍采用。

增值税是以增值额为课税对象的一种流转税。就计税原理而言，增值税是对商品生产和流通过程中各环节的新增加值或商品附加值进行的征税，所以称之为"增值税"。这里的增值额是指纳税人在一定时期内所取得的商品销售（或提供劳务）收入额大于购进商品（或取得劳务）所支付金额的差额。增值额相当于商品价值扣除在商品生产过程中所消耗的生产资料转移价值的余额，即由劳动者在生产经营过程中新创造的价值，这部分由劳动者所创造的新价值被称为增值额。

从一个生产经营单位来看，增值额是指该单位商品销售收入额或营业收入额扣除生产该商品所消耗的外购原材料、辅助材料等价款后的余额，也就是商品生产经营中的进销差。例如，一家生产服装的企业，一件服装销售价格为100元，该服装成本为85元，其中包括外购布料价值60元、外购辅助材料价值15元、燃料动力等项目价值10元，则该服装增值额为15元[100－（60+15+10）]。如果从商品生产经营的全过程来看，一件商品最终实现消费时的最后销售额，相当于该商品从生产到流通各个经营环节的增值额之和。

2. 增值税的特点

(1) 增值税的基本特点

增值税是社会化大生产发展到一定阶段的产物，是对传统以销售收入全额为课税对象的商品税制度的改革，更适应经济日益社会化、专业化和国际化的要求。增值税以销售或进口货物、提供加工修理修配劳务的增值额为课税对象，在吸收传统商品税的优点的同时，也呈现出如下特点：

①按增值额征税，避免重复征税

增值税是一个多环节连续课征的税种，因其仅就商品销售额中的增值部分征税，避免了征收的重叠性。这是增值税最本质的特点，也是增值税区别于其他流转税的一个最显著的特征。这说明增值税的征收，对任何缴纳增值税的人来说，只就本纳税人在生产经营过程中新创造的价值征税，对以前环节已征过税的部分不再征税，即只就本环节生产经营者没有纳过税的新增的价值征税，从而有效地解决了重复征税问题。

②具有征收的广泛性

从计税原理上说，增值税是对商品生产、流通和劳务服务中多个环节的新增价值或商品的附加值征收的一种流转税。从征收面看，增值税具有征收的广泛性。凡是纳入增值税征收范围的，只要经营收入具有增值额就要征税。因此，增值税的课税范围涉及商品生产、流通的各个领域。所有从事货物销售和提供应税劳务的生产经营者，都必须缴纳增值税，从而使它成为对生产经营实行普遍调节的一个中心税种，有利于保证财政收入的稳定、可靠。这已经被实行增值税的国家（如欧盟各国）所证明。

③具有税收中性

税收中性是指政府课税并不对纳税人有效率的经济决策产生干扰，从而不至于使纳税人在支付税款之外，还要因纳税而不得不改变自己有效率的生产、投资或消费等经济行为而蒙受损失。因为增值税是对商品的增值部分征税，所以避免了重复征税。就同一商品来说，它的总体税负是由各个经营环节的税负累积相加而成的。如果使用相同税率的商品最终售价相同，其总税负就必然相同，而与其经过多少个流转环节无关。而在现实中，很多国家对绝大多数商品与劳务按一个统一的基本税率征收，这就使增值税对经济活动的干扰减弱，对资源配置不会产生扭曲性影响，也使得增值税有利于企业结构优化，有利于建立公平税负、平等竞争的市场经济机制。

(2) 我国增值税的特点

我国增值税是对在中华人民共和国境内销售货物或者提供加工、修理修配劳务以及进口货物的单位和个人，就其取得的货物或应税劳务的销售额以及进口货物的金额计算税款，并实行税款抵扣制的一种流转税。我国在1994年的税制改革中，对原有增值税制度进行了各方面的修改，形成了中国特色的增值税制度，其主要的特点表现在以下几方面：

①价外计税

价外计税是指以不含增值税税额的价格为计税依据，即在销售商品时，增值税专用发票上要分别注明增值税税款和不含增值税的价格，以消除增值税对成本、利润和价格的影响。例如，甲企业销售给乙企业应缴增值税的商品，计收款项117元，增值税税率为17%，则这117元中，销项税额为17元[117-117（1+17%）]，实际商品销售价款为100元(117-17)。乙企业购买甲企业的商品时，除了须向甲企业支付100元的商品价款外，应同时负担甲企业的销项税额17元。甲企业在增值税专用发票上分别填列销售价款100元和销项税额17元。

②专用发票抵扣法

我国增值税实行凭发票注明税款进行抵扣的制度，即企业对外销售应税货物或劳务时，必须向购买方开具增值税专用发票，并在开出的专用发票上注明价款和税款，购买方可据销售时增值税专用发票上记载的销项税款与购买时所付进项税款核定企业当期应纳的增值税。增值税专用发票避免了重复征税现象，明确了购销双方之间的纳税利益关系。

③对不同的纳税人实行不同的税款计征和管理办法

由于我国增值税实行专用发票抵扣制，因此要求纳税人会计制度健全。但是，鉴于我国中小企业多，会计核算水平参差不齐，《中华人民共和国增值税暂行条例》（以下简称《增值税暂行条例》）将纳税人按经营规模大小及会计核算健全与否分为一般纳税人和小规模纳税人两种，对一般纳税人采用购进扣税法计算征税，对小规模纳税人采用简易征税办法计税。

④实行生产型增值税

目前，我国仍实行生产型增值税，即只对企业外购的原材料、燃料、动力、包装物和低值易耗品等的进项税款准予抵扣，对外购固定资产所含税金不允许抵扣。

## （二）增值税的类型

各国的政治经济状况不同，作为征税对象的增值税在计税依据的确定上与理论增值额上有一定的差别。从各国的实践来看，作为计税依据的增值额是指法定增值额。所谓法定增值额，就是各国政府税法中所规定的据以计算增值税应纳税额的增值额。这种增值额可以大于或小于理论上的增值额。一般情况下，实行增值税的国家在计算法定增值额时，对外购原材料、燃料、辅助材料等流动资产价款都允许抵扣，但是在计算应纳税额时，对外购的固定资产已纳税额的抵扣，各国的规定则不尽相同，增值税也因此分为三种不同的类型。

1. 消费型增值税

消费型增值税在计算增值额时，在对外购原材料、燃料、辅助材料等流动资产价款都允许抵扣的同时，允许将当期购入的全部固定资产已纳税金一次性全部扣除。对企业来说，用于生产的全部外购生产资料价款均不在课税范围之内；对整个社会而言，实际上相当于只对消费资料征税，对生产资料不征税，所以称之为消费型增值税。消费型增值税最能体现按增值额征税的计税原理，有利于鼓励投资，加速设备更新。西方国家多采用这种类型的增值税。我国已从 2009 年 1 月 1 日起实行消费型增值税。

2. 收入型增值税

收入型增值税在计算增值额时，在对外购原材料、燃料、辅助材料等流动资产价款都允许抵扣的同时，只允许将当期固定资产折旧从销售额中予以扣除。也就是说，法定增值额大体相当于纳税人当期工资、利润、利息、租金等项目之和。就整个社会而言，其增值部分实际相当于国民收入，所以称之为收入型增值税。用公式可以表示为：

增值额 = 销售收入 − 外购商品及劳务支出 − 折旧 = 工资 + 租金 + 利息 + 直接税 + 利润

从理论上说，收入型增值税的法定增值额与理论增值额一致，属于一种标准的增值税。但由于固定资产价值的损耗与转移是分批分期进行的，而在转移过程中没有任何凭证，凭发票扣税法在实际操作中很难实现，所以，采用收入型增值税的国家较少，只有阿根廷、摩洛哥和部分原实行计划经济的中东欧国家采用。

3. 生产型增值税

生产型增值税在计算应纳税时，除对外购原材料、燃料、辅助材料等流动资产价款都允许抵扣外，不允许抵扣任何外购固定资产的价款（包括折旧）。生产型增值税对企业外购的原材料、燃料、动力、包装物和低值易耗品等的进项税款都准予抵扣，对固定资产的税金不予抵扣。从国民经济整体而言，其增值部分实际相当于国民生产总值，故称之为生产型增值税。用公式可以表示为：

增值额 = 销售收入 − 外购商品及劳务支出 = 折旧 + 租金 + 利息 + 直接税 + 工资 + 利润

这种增值税存在明显的重复征税现象，不利于鼓励投资。

## （三）增值税的征收制度

1. 征税范围和纳税人

（1）征税范围

根据 1993 年 12 月 13 日国务院颁布的《中华人民共和国增值税暂行条例》的规定，

在中华人民共和国境内销售货物或提供加工、修理修配劳务以及进口货物，都属于增值税的征收范围。

（2）纳税义务人

凡在中华人民共和国境内销售货物或者提供加工、修理修配劳务以及进口货物的单位和个人，为增值税的纳税义务人。这里的"单位"为包括国有企业、集体企业、私人企业、股份制企业、外商投资企业、外国企业在内的企业性单位和行政单位、事业单位、军事单位、社会团体等非企业性单位。个人是指个体经营者和其他个人。

（3）扣缴义务人

境外的单位或个人在境内销售应税劳务而在境内未设有经营机构的，其应纳税款以代理人为扣缴义务人；没有代理人的，以购买者为扣缴义务人。

2. 征税对象

增值税的征税对象具体包括如下内容：

（1）一般规定

一般规定的具体内容如下：

①销售或进口货物

销售货物是指在生产、批发、零售环节有偿转让货物的所有权。"有偿"不仅指从购买方取得货币，还包括取得货物或其他经济利益。"进口"是指从我国境外移送货物至我国境内。现行增值税法规定，凡经报海关进入我国国境或关境的货物，都属于增值税的征收范围（免税的除外）。而"货物"则是指有形动产，包括热力、电力和气体在内，但是不包括土地、房屋和其他建筑物。

②提供加工、修理修配劳务

"加工"是指受托加工货物，即委托方提供原料、主要材料，受托方按照委托方的要求制造货物并收取加工费的业务；"修理修配"是指受托对损伤和丧失功能的货物进行修复，使其恢复原状和功能的业务。但单位或个体经营者聘用的员工为本单位或雇主提供的劳务，不属于增值税征收范围。

③提供应税服务

"应税服务"是指交通运输业服务、邮政业服务、电信业服务和部分现代服务业服务：a. 交通运输业服务是指使用运输工具将货物或者旅客送达目的地，使其空间位置得到转移的业务活动，包括铁路运输服务、陆路运输服务、水路运输服务、航空运输服务和管道运输服务；b. 邮政业服务是指中国邮政集团公司及其所属邮政企业提供邮件寄递、邮政汇兑、机要通信和邮政代理等邮政基本服务的业务活动，包括邮政普通服务、邮政特殊服务和其他邮政服务（不包括邮政储蓄业务）；c. 电信业服务是指利用有线、无线的电磁系统或者光电系统等各种通信网络资源，提供语音通话服务，传送、发射、接收或者应用图像、短信等电子数据和信息的业务活动，包括基础电信服务和增值电信服务；d. 部分现代服务业服务是指围绕制造业、文化产业、现代物流产业等提供技术性、知识性服务的业务活动，包括研发和技术服务、信息技术服务、文化创意服务、物流辅助服务、有形动产租赁服务、鉴证咨询服务、广播影视服务。

（2）特殊规定

除了以上的一般规定之外，增值税的征收范围还包括特殊的货物和特殊行为。其中，特殊货物包括货物期货（包括商品期货和贵金属期货）、银行销售的金银、典当业销售的典当物品、寄售业代委托人销售的寄售物品、集邮商品（如邮票、首日封等）以及邮政部门以外的单位和个人销售的集邮商品。特殊行为包括以下几种：

①视同销售行为

现行税法规定，单位和个人以下8种行为虽然未取得销售收入，但是视同销售货物征收增值税：将货物交付给他人代销；销售代销货物；设有两个以上机构并实行统一核算的纳税人，将货物从一个机构移送其他机构用于销售，但相关机构设在同一县(市)的除外；将自产或委托加工的货物用于非应税项目；将自产、委托加工的货物用于集体福利或个人消费；将自产、委托加工或购买的货物分配给股东或投资者；将自产、委托加工或购买的货物作为投资，提供给其他单位或个体经营者；将自产、委托加工或购买的货物无偿赠送他人；单位和个体工商户向其他单位或者个人无偿提供交通运输业、邮政业和部分现代服务业服务，但以公益活动为目的或者以社会公众为对象的除外；财政部、国家税务总局规定的其他情形。

②混合销售行为

混合销售行为是指一项销售行为既涉及货物，又涉及非应税劳务（此处指属于应缴营业税的劳务），两者之间有紧密相连的从属关系。如销售家电产品并提供有偿送货服务，就是混合销售行为。

我国税法规定，从事以货物生产、批发或零售为主的企业、企业性单位及个体经营者的混合销售行为，视为销售货物，属增值税征税范围；其他单位和个人的混合销售行为，视为销售非应税劳务，不属增值税征税范围。其中，从事以货物生产、批发或零售为主并兼营非应税劳务是指在纳税人年货物销售额与非应税劳务营业额的合计数中，年货物销售额超过50%，非应税劳务营业额不到50%。纳税人的销售行为是否属于混合销售行为，由国家税务总局所属征税机关确定。

③兼营非应税劳务

兼营非应税劳务是指增值税纳税人在从事增值税应税货物销售或提供应税劳务的同时，也从事非应税劳务（营业税规定的各项劳务），但是两者之间无直接的联系和从属关系。如建筑装饰材料商店，一方面批发、零售建筑材料；另一方面对外承揽属于应纳营业税范围的装饰、安装业务。我国税法规定，纳税人兼营非应税劳务的，如果分别核算或准确核算货物或应税劳务和非应税劳务的销售额，按各自适用的税率征税；如果不分别核算或不能准确核算货物或应税劳务和非应税劳务的销售额，其非应税劳务应与货物或应税劳务一并征收增值税。纳税人兼营的非应税劳务是否应当一并征收增值税，由国家税务总局所属征收机关确定。

④混业销售

混业销售是指纳税人兼有增值税不同税率或征收率的应税项目，即纳税人从事增值税不同税率、征收率的经营活动。混业销售的税务处理要求分别核算不同税率或征收率的销售额，未分别核算销售额的一律从高从重计税。

## 三、消费税

### （一）消费税的概念和特点

1. 消费税的概念

消费税是对规定的消费品和消费行为征收的一种税。它是当今世界各国普遍征收的一种税，不仅是国家财政收入的一项来源，也是贯彻国家产业政策、调节消费的一种手段。如我国就对奢侈品、高档消费品及资源不可再生性的产品征收消费税。当前，世界上共有120多个国家和地区征收消费税。我国在1994年将消费税作为一个新税种在全国范围内开征。目前，我国的消费税由国家税务总局负责征收管理（进口环节的消费税由海关代为征收管理），所得收入归中央政府所有，是中央财政收入中仅次于增值税的第二大税源。2010年，消费税成为我国第四大税种（仅次于增值税、企业所得税、营业税）。

2. 消费税的特点

消费税与其他商品税相比具有寓禁于征的目的性。而为了实现这一目的，消费税在课税范围、税率和课税环节等方面都有特殊规定，也显示了如下特征：

（1）征收范围具有选择性

消费税不是对所有的消费品和消费行为都征税，只是对所选择的部分消费品或消费行为征税。而所选择的这些消费品基本上具有消费量大、需求弹性大和税源普遍的特点。这主要包括非生活必需品、奢侈品、高能耗消费品、不可再生的资源消费品等。从国际上的实施情况看，大多是在对全部产品征收增值税的基础上，再选择部分消费品征收消费税，互为补充。

（2）征收方法具有多样性

消费税征收范围确定后，根据消费品的不同种类、档次实行不同的征收方法，既有从价定率征收方法，又有从量定额征收方法，还有把从价定率和从量定额的计税方法相结合的复合计税征收方法。

(3) 纳税环节具有单一性

消费税实行单一环节征收（主要是在生产、委托加工或进口环节），这样就可以集中征收，减少纳税人的数量，降低税收成本，防范税收流失，同时也避免了重复征税。

(4) 因属于价内税而具有转嫁性

消费税属于价内税，无论在哪个环节征收，纳税人都可以通过提高销售价格的方式将自己所纳的消费税转嫁给消费者。

(5) 一般没有减免税规定

开征消费税的目的之一是引导消费结构，对特殊消费品或消费行为进行调节。因此，居民必需消费品就不在消费税的征收范围之内，也就没有必要进行税收减免。

## （二）消费税的征收制度

1. 征税范围和纳税人

(1) 征税范围

消费税的征税范围是在中华人民共和国境内生产、委托加工和进口的特种消费品。目前，我国征收消费税的消费品可以分为五大类：一是过度消费会对人类健康和生态环境等方面造成不利影响的消费品，如烟、酒、鞭炮等；二是非生活必需品和奢侈品，如贵重首饰、珠宝玉石和游艇等；三是高能耗的消费品，如汽车、摩托车等；四是不可再生和不可替代的资源类消费品，如成品油、实木地板等；五是有利于筹集财政资金、增加财政收入的消费品，即对较普遍的产品如汽车轮胎、化妆品等课以消费税。

(2) 纳税人

凡在中华人民共和国境内生产、委托加工和进口应税消费品的单位和个人都是消费税的纳税义务人。这里的"单位"包括国有企业、集体企业、私有企业、股份制企业、外商投资企业和外国企业、其他企业以及行政单位、事业单位、军事单位、社会团体和其他单位；"个人"是指个体经营者和其他个人。消费税纳税人具体包括：生产应税消费品的单位和个人；进口应税消费品的单位和个人；委托加工应税消费品的单位和个人。其中，委托加工应税消费品由受托方提货时代扣代缴，但若受托方为个体经营者，则应由委托方回委托方所在地申报纳税。自产自用应税消费品，由自产自用单位和个人在移送使用时缴纳消费税。

2. 征税对象

根据《中华人民共和国消费税暂行条例》和消费税改革后的新规定，目前消费税的征税对象包括烟、酒、化妆品、汽车、游艇、高尔夫球等14个项目，有的项目又被细分为若干子项目。

3.税率

我国的消费税采用比例税率和定额税率两种形式。其中，黄酒、啤酒和成品油实行定额税率，即依据单位重量或单位体积确定单位税额；化妆品、高档手表等应税消费品实行比例税率，如化妆品的税率为30%，高档手表的税率为20%。除此以外，还有比例税率加定额税率的复合计税形式。目前，我国只对白酒和卷烟两种应税消费品实行复合计税。其中，白酒定额税率为每500克0.5元，比例税率为20%；卷烟定额税率为每标准箱（50 000支）150元，每标准条（200支，下同）调拨价格在70元（不含增值税）以上的卷烟，生产环节（含进口）的税率调整为56%；每标准条调拨价格在70元（不含增值税）以下的卷烟，生产环节（含进口）的税率调整为36%。

4.税收优惠政策

首先，纳税人自产自用的应税消费品，用于连续生产应税消费品的，不纳税。委托加工的应税消费品，委托方用于连续生产应税消费品的，所纳税款准予按规定抵扣。

其次，对纳税人出口应税消费品，免征消费税。

最后，经国务院批准，金银首饰消费税由10%的税率减按5%的税率征收。

## （三）出口应税消费品的退（免）税

1.出口应税消费品退（免）税的基本政策

纳税人出口应税消费品，国家给予退（免）税优惠，在政策上可以分为以下三类：

（1）出口既免税又退税

这一政策适用于有出口经营权的外贸企业购进应税消费品直接出口，以及外贸企业受其他外贸企业委托代理出口应税消费品。

（2）出口只免税不退税

这一政策适用于有出口经营权的生产性企业自营出口或生产企业委托外贸企业代理出口自产的应税消费品，依据其实际出口数量免征消费税，不予办理退还消费税。

（3）出口既不免税也不退税

一般商贸企业适用这一政策。

2.出口应税消费品应退税额的计算

外贸企业出口按从价定率计征的应税消费品应退税额的计算公式为：

应退消费税税额 = 出口消费品的工厂销售额（不含税价）× 消费税税率

外贸企业出口按从量定额计征的应税消费品应退税额的计算公式为：应退消费税税额 = 出口消费品的工厂销售数量 × 消费税单位税额

## 四、营业税

### （一）营业税的概念和特点

营业税是以在我国境内提供应税劳务（转让商标权、著作权、专利权、非专利技术、商誉除外）或销售不动产所取得的营业额为课税对象而征收的一种商品劳务税。

为了完善税收制度，2012年1月1日我国开始在上海市对交通运输业包括陆路运输、水路运输、航空运输、管道运输和部分现代服务业包括研发和技术、信息技术、文化创意、物流辅助、有形动产租赁和鉴证咨询实施"营业税改征增值税"改革试点。并在全国范围内试点，同时增加广播影视服务。从2014年1月1日起，试点范围增加了铁路运输和邮政服务业。

### （二）营业税的征收制度

1. 征税范围和纳税人

（1）征税范围的一般规定

营业税的征税范围为：在中华人民共和国境内提供应税劳务、转让无形资产和销售不动产。在中华人民共和国境内是指在我国境内的实际行政管理区域。

成为营业税的纳税人要满足三个条件：一是提供应税劳务、转让无形资产或者销售不动产的行为发生在我国境内。根据《中华人民共和国营业税暂行条例实施细则》（以下简称《营业税暂行条例实施细则》）的规定，有下列情形之一的，可确定为在我国境内提供应税劳务、转让无形资产或者销售不动产：所提供的劳务发生在境内；在境内载运旅客或货物出境；在境内组织旅客出境旅游；所转让的无形资产在境内使用；所销售的不动产在境内。此外，有下列情形之一的，视为在我国境内提供的保险劳务：境内保险机构提供的保险劳务，但境内保险机构为出口货物提供的保险除外；境外保险机构以在境内的物品为标的提供的保险劳务。二是上述交易行为属于营业税的征税范围。三是上述交易行为必须是有偿的。根据《营业税暂行条例实施细则》的规定，"有偿"包括取得货币、货物或其他经济利益。

（2）纳税人

和其他税种一样，营业税的纳税主体包括纳税人和扣缴义务人两类。纳税人，是指在我国境内提供应税劳务、转让无形资产或者销售不动产的单位和个人。其中，单位是指国有企业、集体企业、私有企业、股份制企业、其他企业和行政单位、事业单位、军事单位、社会团体及其他单位，个人是指个体工商户及其他有经营行为的个人。具体而言，营业税的纳税人主要为发生应税行为并向对方收取货币、货物或其他经济利益的单位，包括独立核算的单位和不独立核算的单位。单位以承包、承租、挂靠方式经营的,承包人、承租人、挂靠人(以下统称"承包人")发生应税行为,承包人以发包人、出租人、被挂靠人(以下统称"发包人")名义对外经营并由发包人承担相关法律责任的,以发包人为纳税人;否则,以承包人为纳税人。

根据《营业税暂行条例》及《营业税暂行条例实施细则》的规定,营业税的扣缴义务人包括以下几种:①委托金融机构发放贷款的,其应纳税款以受托发放贷款的金融机构为扣缴义务人;金融机构接受其他单位或个人的委托为其办理委托贷款业务时,如果将委托方的资金转给经办机构,则由经办机构将资金贷给使用单位或个人,由最终将贷款发放给使用单位或个人并取得贷款利息的经办机构代扣委托方应纳的营业税。②建筑安装业务实行分包或者转包的,其应纳税款以总承包人为扣缴义务人。③境外单位或者个人在境内发生应税行为而在境内未设有机构的,其应纳税款以代理人为扣缴义务人;没有代理人的,以受让者或者购买者为扣缴义务人。④单位或者个人进行演出由他人售票的,其应纳税款以售票者为扣缴义务人,演出经纪人为个人的,其办理演出业务的应纳税款也以售票者为扣缴义务人。⑤办理保险业务的,其应纳税款以初保人为扣缴义务人。⑥个人转让专利权、非专利技术、商标权、著作权、商誉的,其应纳税款以受让者为扣缴义务人。

2. 征税对象

营业税的计税依据是营业额,营业额为纳税人提供应税劳务、转让无形资产或者销售不动产向对方收取的全部价款和价外费用。价外费用包括向对方收取的手续费、基金、集资费、代收款项、代垫款项及其他各种性质的价外收费。

3. 税收优惠政策

税收优惠政策具体包括以下内容:

(1) 起征点

对经营营业税应税项目的个人,营业税规定了起征点。营业额达到或超过起征点即照章全额计算纳税,营业额低于起征点则免予征收营业税。营业税起征点标准如下:①按期纳税的为月营业额 5 000～20 000 元;②按次纳税的为每次(日)营业额 300～500 元。③省、自治区、直辖市财政厅(局)、税务局应当在规定的幅度内,根据实际情况确定本地区适用的起征点,并报财政部、国家税务总局备案。

(2) 免征营业税

下列项目免征营业税:①托儿所、幼儿园、养老院、残疾人福利机构提供的育养服务、婚姻介绍、殡葬服务。②残疾人员个人为社会提供的劳务。③医院、诊所和其他医疗机构提供的医疗服务。④学校和其他教育机构提供的教育劳务,学生勤工俭学提供的劳务。学校和其他教育机构是指普通学校以及经地、市级以上人民政府或者同级政府的教育行政部门批准成立、国家承认其学员学历的各类学校。⑤农业机耕、排灌、病虫害防治、植保、农牧保险以及相关技术培训业务，家禽、牲畜、水生动物的配种和疾病防治。⑥纪念馆、博物馆、文化馆、美术馆、展览馆、书画院、图书馆、文物保护单位举办文化活动的门票收入，宗教场所举办文化、宗教活动的门票收入。⑦境内保险机构为出口货物提供的保险产品。⑧对营业税纳税人中月营业额不超过2万元的企业或非企业性单位，暂免征收营业税。

### （三）营业税的计算

营业税的计算较之前面的增值税、消费税要简单，纳税人提供应税劳务、转让无形资产或者销售不动产，按照营业额和规定的适用税率计算应纳税额。其计算公式为：

应纳税额＝营业额×税率

## 五、关税

### （一）关税的概念与分类

关税是一个十分古老的税种，它是伴随着国家之间的贸易而产生和发展起来的。从其起源的角度考察，它是在"关"征收的税，或者由守"关"者征收的税。但关税的概念因时间的变化、使用的场合和研究者考察问题的程度不同，有时会有所不同。现代意义上的关税是仅以进出口货物和进出境物品为课税对象的一种税，所谓"境"，是指关境，又称"海关境域"或"关税领域"，是国家《海关法》全面实施的领域。关税按照不同标准可以分为以下几类：

1. 按照国际贸易商品的流向，关税可分为进口税、出口税和过境税

进口税是最通常、最广泛使用的关税，它是一国海关对其进口货物和物品征收的关税。出口税是以出口货物和物品为课税对象的关税。过境税是对通过一国国境或关境的货物所征收的关税。现在很少有国家征收出口税和过境税。

2. 按照征税的目的不同，关税可分为财政关税、保护关税

财政关税是以增加国家财政收入为主要目的而征收的关税，课税对象多为进口数量多、消费量大、税负能力强的商品。保护关税是为保护本国工农业生产或经济长期、稳定发展而征收的关税。保护关税起源于重商主义时期，课税对象一般是本国需要发展或国际竞争性很强的商品。

3. 按照征税的性质，关税可分为普通关税、优惠关税、差别关税

普通关税即一般关税，是对与本国没有签署贸易或经济互惠等友好协定的国家原产的货物征收的非互惠性关税。优惠关税是对特定的受惠国给予的关税优惠待遇，此类关税一

般都是双方互惠的。差别关税是为特定目的在一般进口税之外加征的临时附加税，主要包括加重关税、反倾销税、反补贴税、报复关税等。

4. 按照征税标准不同，关税可分为从量税、从价税、复合税、选择税

从量税是以课税对象的数量为课税标准的关税。从量税以进口商品的重量、长度、容积、面积等计量单位为计税依据。以从量税计税，每一种进口商品的单位应税额固定，不受该商品进口价格的影响，因此，这种计税方法的特点是税额计算简便、通关手续快捷，并能抑制质次价廉商品或故意低瞒价格商品的进口。目前，我国对原油、部分鸡产品、啤酒、胶卷进口分别以重量、容量、面积计征从量税。

从价税，即以进口货物的完税价格作为计税依据，以应征税额占货物完税价格的百分比作为税率。

复合税是对某种进口商品同时使用从价计征和从量计征的一种计征关税的方法，如现行进口税则中"广播及录像机"的最惠国税率为当每台价格不高于 2 000 美元时，执行 36% 的单一从价税；当每台价格高于 2 000 美元时，每台征收 5 480 元的从量税，再加上 3% 的从价税。复合税既可以发挥从量税抑制低价商品进口的特点，又可以发挥从价税税负合理、稳定的特点。目前，我国对录像机、放像机、摄像机、数码照相机和摄录一体机实行复合税。

选择税是或以课税对象的价值或价格为课税标准，或以课税对象的数量为课税标准的一种税。选择税同时规定有两个课税标准，计征时选择其中一个适用。

## （二）行李和邮递物品进口税

我国的行李和邮递物品进口税是对入境旅客行李物品、个人邮递物品和其他个人自用物品征收的进口税，包括关税、增值税和消费税。行李和邮递物品进口税的纳税人包括携有应税个人自用物品的入境旅客和运输工具服务人员、进口邮递物品的收件人、以其他方式进口应纳个人自用物品的收件人。上述应税个人自用物品，不包括汽车、摩托车及其配件、附件。进口应税个人自用汽车、摩托车及其配件、附件，应当按照有关税收法规缴纳关税、增值税、消费税。

现行行李和邮递物品进口税的征税项目共有三类，都采用比例税率，具体为：①烟、酒，税率为 50%；②纺织品及其制成品、摄像机、摄录一体机、数码相机及其他电器用具，照相机、自行车、手表、钟表（含配件、附件）、化妆品，税率为 20%；③书报、刊物、教育专用电影片、幻灯片、原版录音带、录像带、金、银及其制品、食品、饮料和其他商品，税率为 10%。

行李和邮递物品进口税实行从价计征。纳税人应当按照海关填发税款缴纳证当天有效的税率和应税物品的完税价格计算纳税。其应纳税额的计算公式为：应纳税额＝完税价格

× 适用税率

式中，完税价格由海关参照应税物品的境外正常零售价格确定。

待纳税人缴纳行李和邮递物品进口税税款之后，海关对其应税物品予以放行。

# 第六章　所得课税

## 第一节　所得税概述

### 一、所得税的含义

　　所谓所得税，就是以所得为课税对象、向取得所得的纳税人课征的税。所得税的课税对象是所得。关于所得的概念，西方经济学界有着不同的解释。狭义的解释将所得定义为在一定期间内运用资本或劳力所获得的货币收益或报酬。广义的解释将所得定义为在一定期间内所获得的一切经济利益，而不管其来源怎样、方式如何，是货币收益还是实物收益。较为流行的解释是，所得是指财富的增加额，等于一定期间内的消费支出额加上财富净值的变动额。按照这种解释，凡是能够增加一个人享用物品和劳务的能力的东西，都应该视为所得。所以，无论是经常所得还是偶然所得，无论是可预期所得还是不可预期所得，无论是已实现所得还是未实现所得，都应该视为所得。这种解释实际上属于广义的解释。

　　在实践中，所得的范围要狭窄得多。通常情况下，课税对象或范围的选择是以交易为基础的，即所得税是对已实现所得的课税。并且，所得税并不是对已实现的总所得征税，从总所得中扣除必要的费用之后才是应税所得。

　　就个人所得税而言，征税的所得项目一般由工资、薪金、股息、利息、租金、特许权使用费以及资本利得等构成。可以从个人总所得中扣除的必要的费用主要由两部分构成：一部分是为取得收入而必须支付的有关费用，即所谓"事业经费"，如差旅费、午餐费、工作服费、维修费、搬迁费等；另一部分是维持基本生活所需的"生计费"。对前一部分费用，通常是按项目规定扣除标准，但各国的宽严程度有较大差别；对后一部分费用，通常是按家庭成员的构成规定扣除标准，而这又依各国经济发展水平的高低而不同。

　　就企业所得税而言，应当计税的所得项目通常包括：经营收入，即销售价款减去销售成本之后的销售利润；资本所得，即出售或交换投资的财产，如房地产、股票、特许权使用费等实现的收入；股息收入，即企业作为其他公司的股东而取得的收入；利息收入；财产租赁收入；前期已支付费用的补偿收入，如保险收入等；其他收入，如营业外收入等。同个人所得税计算过程中的扣除项目相比，企业所得税的扣除比较简单，它不存在个人宽免与生计费扣除的问题，可以从总所得中扣除的只有费用开支，而且只能扣除与取得的收入有关的那一部分必要的费用开支。这些费用开支通常包括：经营管理费用，如工资、租金、原材料费用、维修费用、差旅费、利息费用、保险费、广告费；折旧和折耗，如固定资产折旧、资源折耗等；各项税金，即所缴纳的各项税款；其他费用，如坏账、意外损失、法律和会计事务费、研究和发展费用。

## 二、所得税的课征范围

### （一）个人所得税的课征范围

税收的课征范围是指一个主权国家的税收管辖权及于课税主体（纳税人）和课税客体（课税对象）的范围。要说明个人所得税的课征范围，需要从税收管辖权说起。税收管辖权是国家主权的有机组成部分。在现代国际社会中，所有主权国家对其管辖领域内的一切人和物，均有行使国家主权的权力，税收管辖权就是国家在处理税收事务方面的管理权。

在各国长期实践的基础上，已经为国际公认的税收管辖权原则上大体有两种：一是属地主义原则，它根据地域概念确定，以一国主权所及的领土疆域为其行使税收管辖权的范围，而不论纳税人是否为本国公民或居民。按照属地主义原则所确立的税收管辖权，叫作"收入来源地税收管辖权"。这种税收管辖权确认，收入来源国有权对任何国家的居民或公民取得的来源于其境内的所得课税。二是属人主义原则，它依据人员概念确定，以一国所管辖的公民或居民为其行使税收管辖权的范围，而不论这些公民或居民所从事的经济活动是否发生在本国领土疆域之内。按照属人主义原则所确立的税收管辖权，叫作"居民（公民）税收管辖权"。这种税收管辖权确认，居住国或国籍国有权对居住在其境内的所有居民或具有本国国籍的公民取得的来源于全世界范围的所得课税。因此，各国在个人所得税上的可能课征范围可以概括为：本国居民或公民取得的来源于全世界范围的所得以及外国居民或公民取得的来源于该国疆域范围的所得。也就是说，居民或公民要承担全部所得的纳税义务，非居民或非公民则承担有限纳税义务。

各国要对本国居民或公民取得的来源于全世界范围的所得课征个人所得税，对纳税人居民或公民身份进行认定是前提。公民身份的认定比较容易。由于公民身份的取得必须以拥有国籍为前提条件，各国便多以国籍作为区分公民和非公民的标准。类似的问题也存在于收入来源地税收管辖权的行使上。各国要对外国居民或公民取得的来源于本国境内的所得课征个人所得税，只有在认定外国纳税人与本国具有收入来源地的联结因素的前提下，才可对其来源于本国境内的所得课税。

需要指出的是，居民、公民以及收入来源地的认定标准，虽有国际通行的一般规则，但具体到各国,则还有许多细微的差别,最终还要决定于各国的税法。

## (二)公司(或企业)所得税的课征范围

同个人所得税课征范围的原理一样,公司(或企业)所得税的课征范围也是由各国所行使的税收管辖权决定的。将公司(或企业)区分为居民公司(或企业)和非居民公司(或企业),居民公司(或企业)负无限纳税义务,非居民公司(或企业)负有限纳税义务。各国在公司(或企业)所得税上的课征范围可以概括为,居民公司(或企业)取得的来源于全世界范围的所得以及非居民公司(或企业)取得的来源于该国疆域范围内的所得。

居民公司(或企业)的认定标准,也是从"住所""居所"的基本概念延伸出来的。法人的固定住所就是它诞生的地方,即法人登记成立的国家。法人的住所和居所的区别在于,住所是指公司(或企业)的登记成立地,居所是指公司(或企业)的控制和管理机构所在地。因此,各国通行的居民公司(或企业)的认定标准大体有登记注册、总机构和管理中心三种标准:登记注册标准,是依据公司(或企业)的注册登记地点而定的,若公司(或企业)根据本国的法律,在本国登记注册,就是本国的居民公司(或企业);总机构标准,是依据公司(或企业)的总机构设立地点而定的,若公司(或企业)的总机构设在本国境内,就是本国的居民公司(或企业);管理中心标准,是依据公司(或企业)实际控制或实际管理中心的所在地而定的。若公司(或企业)的实际控制或实际管理中心所在地在本国境内,就是本国的居民公司(或企业)。凡不在上述标准之内的公司(或企业),均属非居民公司(或企业)。

## 三、所得税的类型

在对个人所得征税时,会涉及课征模式的选择,也就是选择实行什么类型的所得税,通常所说的所得税的类型实际上是以对个人不同来源的所得按什么模式课征作为标准来划分的。一般将所得税划分为三种类型:一是分类所得税(也称"分类税制"),即将所得按来源、性质划分为若干类别,对各种不同来源、性质的所得分别计算征收所得税。分类所得税的主要优点是,它可以对不同性质的所得分别采用不同的税率,实行差别待遇。目前我国个人所得税的征收采用的是此种模式。二是综合所得税(也称综合税制),即对纳税人全年各种不同来源的所得加以汇总,综合计算征收所得税。综合所得税的突出优点,就是其最能体现纳税人的实际负担水平,最符合支付能力原则或量能课税的原则。三是分类综合所得税(也称混合税制),即将分类课征和综合计税相结合,先按分类所得税课征,然后再对个人全年总所得超过规定数额以上的部分按累进税率计税。

## 四、所得税的课征方法

### （一）个人所得税的课征方法

个人所得税的课征方法有从源征收法和申报清缴法两种，各国往往根据不同收入项目同时采用这两种课征方法。

所谓从源征收法，是指在支付收入时代扣代缴个人所得税，即支付单位依据税法负责对所支付的收入项目扣缴税款，然后汇总缴纳。这种方法的主要优点在于：一是可以节约税务机关的人力物力消耗，简化征收管理手续；二是可以避免或减少逃税，及时组织税款入库。

所谓申报清缴法，就是将分期预缴和年终汇算清缴相结合，由纳税人在纳税年度申报全年估算的总收入额，并按估算额分期预缴税款，到年度终了时，再按实际收入额提交申报表，依据全年实际应纳所得税额，对税款多退少补。这种方法的主要优点在于，能够综合个人的各项所得，适合采用累进税率，从而能够发挥所得税的优势。其缺点是，可能会发生逃税现象，在税收征收管理水平低的国家尤为如此。

### （二）公司（或企业）所得税的课征方法

各国对公司（或企业）所得税的课征，一般都采用申报纳税方法。通常的情况是，纳税年度由公司（或企业）根据其营业年度确定，但一经确定便不能随意改变，一般在年初填送预计申报表，在年终填送实际申报表；税款实行分季预缴，年终清算，多退少补。

## 五、所得课税的优缺点

### （一）所得课税的优点

第一，税源普遍，课税有弹性。在正常条件下，凡从事生产经营活动的一般都有所得，都要缴纳所得税，因此，所得课税的税源很普遍。并且，所得来源于经济资源的利用和剩余产品的增加，随着人们经济活动的扩大和资源利用效率的提高，剩余产品会不断增长，各种所得也会不断增长，因而所得课税收入会不断增长，国家还可以根据需要灵活调整税负水平，以适应政府支出的增减。

第二，税负相对公平。所得课税是以纯收入或净所得为课税对象的，一般实行累进税率，符合支付能力原则，并且往往有起征点、免征额等方面的规定，可以在征税上照顾低收入者，有助于社会公平的实现。

第三，一般不存在重复征税问题，不直接影响商品的相对价格。所得课税是以纳税人的总收入减去准予扣除项目后的余额为计税依据的，征税环节单一，只要不存在两个或两个以上的课税权主体，就不会出现重复征税。所得课税以纳税人的总收入减去准予扣除项目后的余额为计税依据，也决定了对所得课税不会直接影响商品的比价关系，因而不会影响市场的运转。

第四，属于直接税，税负不易转嫁。所得课税以纳税人的总收入减去准予扣除项目后的余额为计税依据，一般不易进行税负转嫁，对市场机制的正常运行干扰较小。这一特点也有利于利用所得课税调节人们的收入水平，缩小收入差距，实现社会公平目标。在采用累进税率的情况下，这一作用尤为明显。

第五，有利于维护国家的经济权益。在国际经济交往与合作不断扩大的现代社会，跨国投资和经营的情况极为普遍，由此产生了跨国所得。对跨国所得征税是任何一个主权国家应有的权益，这就需要利用所得课税可以跨国征税的天然属性，参与纳税人跨国所得的分配，维护本国的经济权益。

## （二）所得课税的缺点

第一，所得课税的开征及其财源受公司（或企业）利润水平和人均收入水平的制约。

第二，所得课税的累进课税方法会在一定程度上压抑纳税人的生产和工作的积极性。

第三，所得课税的计征管理比较复杂，需要较高的税务管理水平，在发展中国家广泛推行往往会遇到困难。

## 六、所得课税的功能

概括地说，所得税具有筹集收入和调节经济两大功能。其中，调节经济的功能表现在对收入分配的调节和对经济波动的调节上。所得税的调节经济的功能在当今社会受到各国普遍重视，所得税成为各国政府促进收入公平分配和稳定经济的一个有力手段。在促进收入公平分配方面，个人所得税通过累进课征可以缩小人们的收入差距，通过税收优惠给予低收入者种种照顾，可以缓解社会矛盾，保持社会稳定。在稳定经济方面，实行累进税率的个人所得税可以发挥自动稳定经济的作用。当经济过热，社会总需求过大时，个人的所得会大幅度增加，原来按较低税率纳税的人要改按较高税率纳税，税收收入会相对增加，而纳税人的税后可支配收入会相对减少，从而可以抑制纳税人的投资和消费冲动，维持经济稳定；反之，当经济萧条，纳税人的收入下降时，适用税率会自动下降，又可以刺激投资和消费，促进经济复苏。具有这种功能的所得税被称为"自动稳定器"或"内在稳定器"。除此之外，政府可以根据社会总供给和总需求的平衡关系灵活调整税负水平，抑制经济波动。当经济增长速度过快，总需求过旺时，提高所得税税负水平；当经济处于萧条时期，社会总需求萎缩时，降低所得税税负水平。

# 第二节 企业所得税

## 一、企业所得税的概念

企业所得税是对企业和其他取得收入的组织的所得征收的一种税。《中华人民共和国企业所得税法实施条例》（以下简称《企业所得税法实施条例》）对企业所得税法的有关规定做了进一步细化，与企业所得税法同步施行。

## 二、企业所得税的征收制度

### （一）纳税人和征税范围

企业所得税法规定，在中华人民共和国境内，企业和其他取得收入的组织（以下统称企业）为企业所得税的纳税人。企业所得税法统一了纳税人的认定标准，以是否具有法人资格作为企业所得税纳税人的认定标准，改变了以往内资企业以是否独立核算为条件判定所得税纳税人的认定标准的做法，使内资企业和外资企业的纳税人认定标准完全统一。按此认定标准，企业设有多个不具有法人资格营业机构的，实行由法人汇总纳税。

目前，大多数国家对个人（自然人）以外的组织或者实体课征所得税，一般都是以法人作为纳税主体，因此，企业所得税法以法人组织为纳税人符合国际通行做法。同时，实行法人（公司）税制，也是企业所得税改革的内在要求，有利于更加规范地确定企业纳税义务。在纳税人范围的确定上，按照国际通行做法，将取得经营收入的单位和组织都纳入了征税范围。同时，为增强企业所得税与个人所得税的协调，避免重复征税，明确了个人独资企业和合伙企业不作为企业所得税的纳税人。

企业所得税法将纳税人划分为"居民企业"和"非居民企业"，并分别规定其纳税义务，即居民企业承担全面纳税义务，就其境内外全部所得纳税；非居民企业承担有限纳税义务，就其来源于中国境内所得部分纳税。把企业分为居民企业和非居民企业，是为了更好地保障我国税收管辖权的有效行使。税收管辖权是一国政府在征税方面的主权，是国家主权的重要组成部分。根据国际通行做法，我国选择了地域管辖权和居民管辖权的双重管辖权标准，能够最大限度地维护我国的税收利益。同时，为了防范企业避税，对依照外国（地区）法律成立但实际管理机构在中国境内的企业也认定为居民企业；非居民企业还应当就其取得的与其在中国境内设立的机构、场所有实际联系的境外所得纳税。这里所说的"实际管理机构"是指对企业的生产经营、人员、账务、财产等实施实质性全面管理和控制的机构；非居民企业在中国境内所设立的"机构、场所"，是指在中国境内从事生产经营活动的机构、场所，包括管理机构、营业机构、办事机构、工厂、农场、提供劳务的场所、从事工程作业的场所等。非居民企业委托营业代理人在中国境内从事生产经营活动的，包括委托单位和个人经常代其签订合同或者储存、交付货物等，视为非居民企业在中国境内设立机构、场所。

### （二）征税对象

企业所得税的征税对象，是企业以货币形式和非货币形式从各种来源取得的收入。企业的收入总额包括：销售货物收入，提供劳务收入，转让财产收入，股息、红利等权益性投资收益，利息收入，租金收入，特许权使用费收入，接受捐赠收入，其他收入。

企业取得收入的货币形式包括现金、存款、应收账款、应收票据、准备持有至到期的债券投资以及债务的豁免等。企业取得收入的非货币形式包括固定资产、生物资产、无形资产、股权投资、存货、不准备持有至到期的债券投资、劳务以及有关权益等。企业以非货币形式取得的收入，以公允价值确定收入额。

### （三）税率

结合我国财政承受能力、企业负担水平，考虑世界上其他国家和地区特别是周边地区的实际税率水平等因素，企业所得税法将企业所得税税率确定为25%。这一税率在国际上属于适中偏低的水平，有利于继续保持我国税制的竞争力，进一步促进和吸引外商投资。居民企业中符合条件的小型微利企业减按20%的税率征税。国家重点扶持的高新技术企业减按15%的税率征税。非居民企业仅就来源于我国境内的所得征税，适用低税率20%(实际减按10%的税率征收)。

### （四）税收优惠政策

企业所得税的税收优惠方式包括免税、减税、加计扣除、加速折旧、减计收入、税额抵免等。

1. 关于扶持农、林、牧、渔业发展的所得税优惠

企业所得税法在这方面规定了免税和减半征收两种情况。

企业从事下列项目的所得，免征企业所得税：①蔬菜、谷物、薯类、油料、豆类、棉花、麻类、糖料、水果、坚果的种植；②农作物新品种的选育；③中药材的种植；④林木的培育和种植；⑤牲畜、家禽的饲养；⑥林产品的采集；⑦灌溉、农产品初加工、兽医、农技推广、农机作业和维修等农、林、牧、渔服业项目；⑧远洋捕捞。

企业从事下列项目的所得，减半征收企业所得税：①花卉、茶以及其他饮料作物和香料作物的种植；②海水养殖、内陆养殖。

### 2. 关于鼓励基础设施建设的所得税优惠

企业从事港口码头、机场、铁路、公路、城市公共交通、电力、水利等国家重点扶持的公共基础设施项目投资经营所得，自项目取得第一笔生产经营收入所属纳税年度起，给予"三免三减半"的所得税优惠，具体条件和范围由国务院财政、税务主管部门同国务院有关部门制定，报国务院批准后公布施行。

### 3. 关于支持环境保护、节能节水、资源综合利用、安全生产的所得税优惠

企业从事符合条件的环境保护、节能节水项目，包括公共污水处理、公共垃圾处理、沼气综合开发利用、节能减排技术改造、海水淡化等项目的所得，自项目取得第一笔生产经营收入所属纳税年度起，给予"三免三减半"的所得税优惠，具体条件和范围由国务院财政、税务主管部门商国务院有关部门制定，报国务院批准后公布施行。

企业以《资源综合利用企业所得税优惠目录》规定的资源作为主要原材料并符合规定比例，生产国家非限制和禁止并符合国家和行业相关标准的产品取得的收入，减按90%计入收入总额。

企业购置并实际使用《环境保护专用设备企业所得税优惠目录》《节能节水专用设备企业所得税优惠目录》《安全生产专用设备企业所得税优惠目录》规定的环境保护、节能节水、安全生产等专用设备的，该专用设备的投资额的10%可以从企业当年的应纳税额中抵免；当年不足抵免的，可以在以后5个纳税年度结转抵免。

### 4. 关于促进技术创新和科技进步的所得税优惠

（1）技术转让所得的所得税优惠

在一个纳税年度内，居民企业技术转让所得不超过500万元的部分，免征企业所得税；超过500万元的部分，减半征收企业所得税。

（2）研究开发费用的所得税优惠

企业开发新技术、新产品、新工艺发生的研究开发费用，可以在计算应纳税所得额时加计扣除，在据实扣除的基础上，再加计扣除50%。

（3）创业投资的所得税优惠

创业投资企业采取股权投资方式投资于未上市的中小高新技术企业2年以上的，可以按照其投资额的70%在股权持有满2年的当年抵扣该创业投资企业的应纳税所得额；当年不足抵扣的，可以在以后纳税年度结转抵扣。

（4）固定资产的所得税优惠

企业的固定资产由于技术进步等原因，确须加速折旧的，可以缩短折旧年限或者采取加速折旧的方法。可以享受这一优惠的固定资产包括：因技术进步而产品更新换代较快的固定资产；常年处于强震动、高腐蚀状态的固定资产。

### 5. 关于符合条件的非营利组织的收入的所得税优惠

《企业所得税法》第二十六条规定，符合条件的非营利组织的收入，为免税收入。实

施条例据此从登记程序、活动范围、财产的用途与分配等方面,界定了享受税收优惠的"非营利组织"的条件。同时,考虑到目前按相关管理规定,我国的非营利组织一般不能从事营利性活动,为规范此类组织的活动,防止其从事营利性活动可能带来的税收漏洞,实施条例规定,对非营利组织的营利性活动取得的收入,不予免税。

6. 关于符合条件的小型微利企业的所得税优惠

根据财税〔2017〕43号文件规定,自2017年1月1日至2019年12月31日,将小型微利企业的年应纳税所得额上限由30万元提高至50万元,对年应纳税所得额低于50万元(含50万元)的小型微利企业,其所得减按50%计入应纳税所得额,按20%的税率缴纳企业所得税。小型微利企业,是指从事国家非限制和禁止行业,并符合下列条件的企业:工业企业,年度应纳税所得额不超过50万元,从业人数不超过100人,资产总额不超过3 000万元;其他企业,年度应纳税所得额不超过50万元,从业人数不超过80人,资产总额不超过1 000万元。

7. 关于国家需要重点扶持的高新技术企业的所得税优惠

国家需要重点扶持的高新技术企业,减按15%的税率征收企业所得税。实施条例将高新技术企业的界定范围,由按高新技术产品划分改为按高新技术领域划分,规定产品(服务)应属于《国家重点支持的高新技术领域》的范围,以解决政策执行中产品列举不全、覆盖面偏窄、前瞻性欠缺等问题。其具体领域范围和认定管理办法由国务院科技、财政、税务主管部门商国务院有关部门制定,报国务院批准后公布施行。同时,实施条例还规定了高新技术企业的认定指标:拥有核心自主知识产权;产品(服务)属于《国家重点支持的高新技术领域》规定的范围;研究开发费用占销售收入的比例、高新技术产品(服务)收入占企业总收入的比例、科技人员占企业职工总数的比例,均不低于规定标准。这样规定,强化了以研发比例为核心,税收优惠重点向自主创新型企业倾斜。

8. 关于非居民企业的预提税所得的所得税优惠

《企业所得税法》第四条规定,未在中国境内设立机构、场所的,或者虽设立机构、场所但取得的所得与其所设机构、场所没有实际联系的,应当就其来源于中国境内的所得缴纳企业所得税,适用税率为20%。《企业所得税法》第二十七条规定,对上述所得,可以免征、减征企业所得税。实施条例据此明确,对上述所得,减按10%的税率征收企业所得税。对外国政府向中国政府提供贷款取得的利息所得、国际金融组织向中国政府和居民企业提供优惠贷款取得的利息所得,以及经国务院批准的其他所得,可以免征企业所得税。

9. 关于安置残疾人员的所得税优惠

企业安置残疾人员的,按照支付给残疾职工工资的100%加计扣除。

## 三、企业所得税应纳税额的计算与征收

### （一）应纳税额的计算

企业所得税应纳税额的计算公式为：

应纳税额＝应纳税所得额×适用税率－减免税额－抵免税额

应纳税所得额是企业所得税的计税依据，它是企业每一纳税年度的收入总额减除不征税收入、免税收入、各项扣除以及允许弥补的以前年度亏损后的余额。企业的收入总额包括：销售货物收入，提供劳务收入，转让财产收入，股息、红利等权益性投资收益，利息收入，租金收入，特许权使用费收入，接受捐赠收入，其他收入。准予扣除的项目，是指与企业取得收入有关的成本、费用和损失。企业所得税法对企业实际发生的各项成本费用，包括工资支出、公益性捐赠支出等做出统一的扣除规定，实行一致的政策待遇。在计算应纳税所得额时，企业财务、会计处理办法与税收法律、行政法规的规定不一致的，应当依照税收法律、行政法规的规定计算。

企业支出扣除的原则、范围和标准有如下明确规定：

第一，企业实际发生的与取得收入有关的、合理的支出，包括成本、费用、税金、损失和其他支出，准予在计算应纳税所得额时扣除。

第二，明确了工资薪金支出的税前扣除。实施条例统一了企业的工资薪金支出税前扣除政策，规定企业发生的合理的工资薪金支出准予扣除。

第三，具体规定了职工福利费、工会经费、职工教育经费的税前扣除。旧税法规定，对企业的职工福利费、工会经费、职工教育经费支出分别按照计税工资总额的14%、2%、1.5% 计算扣除。一方面，实施条例继续维持了职工福利费和工会经费的扣除标准；另一方面，由于计税工资已经放开，将"计税工资总额"调整为"工资薪金总额"，扣除额也就相应提高。此外，为鼓励企业加强职工教育投入，实施条例规定，除国务院财政、税务主管部门另有规定外，企业发生的职工教育经费支出，不超过工资薪金总额2.5%的部分，准予扣除；超过部分，准予在以后纳税年度结转扣除。

第四，调整了业务招待费的税前扣除。旧税法实行按销售收入的一定比例限额扣除。考虑到商业招待和个人消费之间难以区分，为加强管理，同时借鉴国际经验，实施条例规定：企业发生的与生产经营活动有关的业务招待费支出，按照发生额的60%扣除，但最高不得超过当年销售（营业）收入的0.5%。

第五，统一了广告费和业务宣传费的税前扣除。旧税法对内资企业实行的是根据不同行业采用不同的比例限制扣除的政策，对外资企业则没有限制。实施条例统一了企业的广告费和业务宣传费支出税前扣除政策。实施条例规定，除国务院财政、税务主管部门另有规定外，广告费和业务宣传费支出不超过当年销售（营业）收入15%的部分，准予扣除；超过部分，准予在以后纳税年度结转扣除。

第六，明确了公益性捐赠支出税前扣除的范围和条件。旧税法对内资企业采取在比例内（应纳税所得额的 3% 以内）扣除的办法，对外资企业没有比例限制。《企业所得税法》第九条规定，企业发生的公益性捐赠支出，在年度利润总额 12% 以内的部分，准予在计算应纳税所得额时扣除。同时，对公益性捐赠做了界定：公益性捐赠是指企业通过公益性社会团体或者县级以上人民政府及其部门，用于《中华人民共和国公益事业捐赠法》规定的公益事业的捐赠。

## （二）征收管理

企业所得税实行按纳税年度计算、分月或者分季预缴、年终汇算清缴、多退少补的办法，其中，纳税年度自公历 1 月 1 日起至 12 月 31 日止。企业应当自月份或者季度终了之日起 15 日内，向税务机关报送预缴企业所得税纳税申报表，预缴税款。企业应当自年度终了之日起 5 个月内，向税务机关报送年度企业所得税纳税申报表，并汇算清缴，结清应缴应退税款。企业在报送企业所得税纳税申报表时，应当按照规定附送财务会计报告和其他有关资料。

综上所述，新企业所得税法与旧税法相比有了很大进步：第一，新的税率确定为 25%，这有助于在国家财政能够承受的前提下降低企业税负，促进经济稳定快速增长。第二，统一内外企业所得税税制，有助于完善市场经济体制，使各类市场主体公平竞争。第三，税前扣除的公益性捐赠支出的比例从 3% 提高到 12%，鼓励企业回报社会。第四，有利于吸引外资。从目前世界上平均 28% 的企业所得税税率来看，25% 是中等偏低的，并且对外商企业采取"新人新办法，老人老办法"的做法，原先享受低税率的外资企业 5 年内可以继续按原税率纳税。第五，实行"产业优惠为主、区域优惠为辅"的政策，并对高新技术企业等给予优惠，从而将对鼓励自主创新、区域协调发展、推进现代农业、加强节能降耗等国家产业政策的实施起到很大的推进作用。

# 第三节　个人所得税

## 一、个人所得税的概念

个人所得税是以个人（自然人）取得的各项应税所得为征税对象征收的一种税。我国现行的个人所得税是在 20 世纪末期的税制改革中，在原来的个人所得税、个人收入调节税和城乡个体工商业户所得税的基础上合并而成的一个税种。

## 二、个人所得税的征收制度

### （一）纳税人和征税范围

按税法规定，有纳税义务的中国公民和从中国境内取得收入的外籍人员，均为个人所得税的纳税人。个人独资企业和合伙企业投资者，也为个人所得税的纳税人。这就是说，个人所得税的纳税人包括中国公民、个体工商户、外籍个人等。

另外，在中国境内有住所，或者虽无住所但在境内居住满1年的个人，从中国境内和境外取得的所得，依法缴纳个人所得税；在中国境内无住所又不居住或者无住所而在境内居住不满1年的个人，从中国境内取得的所得，依法缴纳个人所得税。

### （二）征税对象

个人所得税的征税对象是个人取得的应税所得。个人所得税法列举征税的个人所得共11项，具体包括：工资、薪金所得；个体工商户的生产、经营所得；对企事业单位的承包经营、承租经营所得；劳务报酬所得；稿酬所得；特许权使用费所得；利息、股息、红利所得；财产租赁所得；财产转让所得；偶然所得；经国务院财政部门确定征税的其他所得。

### （三）减税免税

**1. 有下列情形之一的，经批准可以减征个人所得税**

第一，残疾、孤老人员和烈属的所得。
第二，因严重自然灾害造成重大损失的。
第三，其他经国务院财政部门批准减税的。

**2. 免征个人所得税的项目**

第一，对符合国务院有关规定适当延长离退休年龄的高级专家，其在延长离退休期间的工资、薪金所得，视同退休工资、离休工资免征个人所得税。
第二，外籍专家取得的工资、薪金所得。
第三，中国科学院院士的院士津贴和中国科学院、工程院资深院士津贴。
第四，军队干部的符合政策规定的津贴、补贴。
第五，国际青少年消除贫困奖。
第六，企业和个人按规定比例提取缴付的住房公积金、医疗保险金、基本养老保险金。
第七，个人领取原提存的住房公积金、医疗保险金、基本养老保险金。
第八，现明确按照国家或省级地方政府规定的比例缴付的住房公积金、医疗保险金、基本养老保险金、失业保险基金存入银行个人账户所取得的利息收入。

3. 暂免征收个人所得税的项目

第一，个人办理代扣代缴税款手续，按规定取得的扣缴手续费。

第二，外籍个人从外商投资企业取得的股息、红利所得。

第三，对个人转让上市公司股票取得的所得继续暂免征收个人所得税。对个人投资者买卖基金单位获得的差价收入，在对个人买卖股票的差价收入恢复征收个人所得税以前，暂不征收个人所得税。

第四，对职工个人以股份形式取得的拥有所有权的企业量化资产，暂缓征收个人所得税，待个人将股份转让时，就其转让数额，减除个人取得该股份时实际支付的费用和合理转让费用后的余额，按"财产转让所得"项目计征个人所得税。

第五，科研机构、高等院校奖励的股份出资比例，经主管税务机关审核后，暂不征收个人所得税。

第六，个人转让自用达 5 年以上，并且是唯一的家庭生活用房取得的所得，暂免征收个人所得税。

## 三、我国个人所得税的改革

由于社会经济环境的变化与税制建设的滞后、税收征管乏力等因素的影响，我国个人所得税的作用还未得到充分发挥。针对现行个人所得税存在的问题，对个人所得税进行改革，具有重大而迫切的现实意义。

### （一）现行个人所得税存在的主要问题

1. 分类所得税制存在缺陷

分类所得税制是指同一个纳税人的各类所得，如薪金、股息或营业利润的每一类都要按照单独的税率计算纳税。这种模式便于实行源泉扣缴，具有计征简便、征收成本低的优点，但它难以衡量不同纳税人真正的纳税能力，不符合支付能力原则，不利于充分发挥个人所得税在调节个人收入差距方面的作用。我国现行的个人所得税就是采用这种模式，共分 11 个项目征收，税率从 5% 至 45% 不等，随着社会经济的发展以及个人收入分配格局的变化，其缺陷越来越明显，主要表现在：对不同来源的收入采用按月或按次计征且年终不汇总的方式，无法衡量不同纳税人真正的纳税能力，收入来源分散但综合收入高的人，可能比收入来源集中但总收入低的人缴纳的税少，难以对高收入者的收入进行调节；按月或按次计征且年终不汇总的规定，容易引发避税行为，纳税人只要将本为一次收取的收入分散，化整为零，便可少缴或不缴税。

### 2. 费用扣除规定不合理

关于费用扣除问题，从理论上来说，应分为两部分：第一是为取得收入所必须支付的费用，以体现所得税是对所得课税这一特征；第二是基本生活需要的部分，这一部分应根据不同纳税人的实际负担情况分别对待。目前，我国个人所得税的费用扣除实行综合扣除方式，这种扣除方式对纳税人的各种负担考虑不够周全，并没有考虑个人具体的负担情况，如老人的赡养费用、子女的教育费用、夫妇一方工作单独负担家庭费用等情况，这显然不符合支付能力原则，不利于实现税收公平。

### 3. 税率设计有待优化

目前，我国个人所得税税率采用累进税率和比例税率两种形式，将工薪所得税率结构由九级调整为七级，取消了15%和40%两档税率，将最低的一档税率由5%降为3%。修改之前工资薪金所得采用幅度为5%～45%的九级超额累进税率，个体工商户生产经营所得和对企事业单位的承包承租经营所得采用幅度为5%～35%的五级超额累进税率，其余的分项所得大多采用20%的比例税率（劳务报酬收入畸高则采用幅度为20%～40%的三级超额累进税率）。这种税率设计存在的问题是：工资薪金所得最高税率为45%，与世界其他各国相比，比率偏高。一方面，它会增加纳税人偷税漏税的动机；另一方面，45%的税率在实践中极少运用，课征实效差。另外，工资薪金所得的级距过多。当今，世界各国个税改革都以扩大税基和减少级距为目标。

现行个体工商户生产、经营所得和对企事业单位的承包、承租经营所得税率的确定，一方面要参照工薪等个人所得的税率水平，另一方面也要与两税合并后的新企业所得税法的税率水平相协调。

### 4. 税基不够广泛

我国目前个人所得税法对应纳税所得额采取列举具体项目的规定，难以将所有的应税项目都包含进去。另外，由于现行减免税名目太多，费用采用分次扣除，客观上造成税基缩小。

## （二）个人所得税的改革思路

### 1. 积极创造条件，尽早实行综合所得税制

综合所得税制，是指同一纳税人的各种所得，不管其所得来源于何处，都作为一个所得总体来对待，并按累进税率计算纳税。其优点是能体现税收的公平性，但对纳税申报和所得汇算有较高要求。我国目前的税收征管水平较低，且纳税人纳税意识较弱，采用综合所得税制的时机还不成熟，但应积极创造条件，尽早实行综合所得税制，这是充分发挥个人所得税调节作用的客观要求。

## 2. 健全费用扣除制度

费用扣除应根据纳税人赡养人口的多寡、婚姻状况、健康状况、年龄大小等进行确定。并且，费用扣除标准应随着社会经济情况的变化而调整。

## 3. 优化税率，合理税收负担

改变目前税率设计重课工资、薪金收入者的状况，适当降低工资、薪金所得的边际税率，并适当减少征税级距。

## 4. 扩大税基

为了能有效地扩大税基，适应个人收入来源的多样化，个人所得税的应税所得应包括一切可以衡量纳税能力的收入，因此，应改变目前正列举规定应纳税所得的做法，采取反列举规定不纳税项目的做法。另外，应适当减少减免税项目。

## 5. 完善配套措施

其具体包括：①建立个人财产登记制度，界定个人财产来源的合法性及合理性，将纳税人的财产收入显性化。②完善储蓄存款实名制。不但要在所有银行之间联网实行储蓄存款实名制，而且要在银税微机联网的基础上实行储蓄存款实名制。③实行居民身份证号码与纳税人号码固定终身化制度，并在条件具备时实行金融资产实名制，为税务机关掌握个人收入创造有利条件。④积极推进税收信息化建设，尽快建立起适应个人所得税征管特点和需要的计算机征管系统。⑤强化纳税人自我申报制度，建立代扣代缴和自行申报相结合的征管模式。

# 第四节　土地增值税

## 一、土地增值税概况

土地增值税是对转让国有土地使用权、地上的建筑物及其附着物（以下简称"转让房地产"）而取得的增值额征收的一种税。

近年来，随着我国房地产业的繁荣，达到土地增值税起征标准的项目不断增加，大多数地区陆续恢复了土地增值税的征收，但在执行力度上普遍偏轻。为了强化土地增值税的征管，21世纪初国务院发出了《关于加强土地增值税管理工作的通知》。此后，有关部门又陆续出台了一些旨在强化土地增值税征管的政策。

## 二、土地增值税的征收制度

### （一）纳税人与征税对象

土地增值税的纳税人是转让国有土地使用权、地上建筑物及其附着物并取得收入的单位和个人，包括内外资企业、行政事业单位、中外籍个人等。土地增值税的基本征税范围包括：转让国有土地使用权；地上建筑物及其附着物连同国有土地使用权一并转让；存量房地产买卖。

### （二）计税依据

土地增值税的计税依据为转让房地产所取得的增值额，是纳税人转让房地产的收入减除税法规定的扣除项目金额后的余额。

扣除项目金额包括：取得土地使用权所支付的金额（适用新建房转让和存量房地产转让）；开发土地的成本、费用；新建房及配套设施的成本、费用，或者旧房及建筑物的评估价格；与转让房地产有关的税金（包括转让房地产时缴纳的城建税、印花税，教育费附加和地方教育费附加视同税金扣除）；财政部规定的其他扣除项目。

### （三）税率

土地增值税实行四级超率累进税率。其中，最低一级，增值额未超过扣除项目金额50%的部分，税率为30%；最高一级，增值额超过扣除项目金额200%的部分，税率为60%。

## 三、土地增值税的征收管理

土地增值税由税务机关征收。纳税人应在转让房地产合同签订后的7日内，到房地产所在地主管税务机关办理纳税申报，并向税务机关提交房屋及建筑物产权、房产买卖合同、房地产评估报告及其他与转让房地产有关的资料。纳税人因经常发生房地产转让而难以在每次转让后申报的，经税务机关审核同意后，可以定期进行纳税申报，具体期限由税务机关根据情况确定。

# 第七章 财产资源和行为税

## 第一节 财产税

### 一、房产税

#### （一）房产税的概念

房产税是以房产为征税对象，按照房产的计税价值或房产租金收入向房产所有人或经营管理人等征收的一种税。其中，房产是指以房屋形态表现的财产。房屋是指有屋面和围护结构（有墙或两边有柱），能够遮风避雨，可供人们在其中生产、工作、学习、娱乐、居住或储藏物资的场所。

征收房产税的目的在于运用税收杠杆，加强对房产的管理，控制固定资产投资规模和配合国家房产政策的调整，合理调节房产所有人和经营管理人的收入。此外，房产税税源稳定，易于控制管理，是地方财政收入的重要来源之一。

#### （二）房产税的纳税人和征税范围

1. 纳税人

房产税纳税人，是指在我国城市、县城、建制镇和工矿区范围内拥有房屋产权的单位和个人。具体包括产权所有人、承典人、房产代管人或者使用人。

产权属于国家所有的，其经营管理单位为纳税人；产权属于集体和个人的，集体单位和个人为纳税人。其中，单位包括国有企业、集体企业、私营企业、股份制企业、外商投资企业、外国企业，以及其他企业和事业单位、社会团体、国家机关、军队及其他单位；个人包括个体工商户及其他个人。

产权出典的，由承典人缴纳。产权承典是指产权所有人为了某种需要，将自己的房屋产权，在一定期限内转让（典当）给他人使用而取得出典价款的一种融资行为。产权所有人（房主）称为房屋出典人；支付现金或实物取得房屋支配权的人称为房屋承典人。这种业务一般发生于出典人急需资金，但又想保留产权赎回权的情况。承典人向出典人交付一定的典价之后，在质典期内获取抵押物品的支配权，并可转典。产权的典价一般要低于卖价。出典人在规定期间内须归还典价的本金和利息，方可赎回出典房屋等的产权。由于在房屋出典期间，产权所有人已无权支配房屋，因此房产税法律制度规定对房屋具有支配权的承典人为纳税人。

产权所有人、承典人不在房产所在地的，或者产权未确定及租典纠纷未解决的，房产代管人或者使用人为纳税人。租典纠纷，是指产权所有人在房产出典和租赁关系上，与承典人、租赁人发生各种争议，特别是有关权利和义务的争议悬而未决的。此外，还有一些产权归属不清的问题，也都属于租典纠纷。对租典纠纷未解决的房产由代管人或使用人纳税，主要目的是消除纳税盲点，加强征收管理，保证税收公平。

纳税单位和个人无租使用房产管理部门、免税单位及纳税单位的房产，由使用人代为缴纳房产税。

房地产开发企业建造的商品房，在出售前不征收房产税，但对出售前房地产开发企业已使用或出租、出借的商品房应按规定征收房产税。

2. 征税范围

房产税的征税范围为城市、县城、建制镇和工矿区范围内的房屋。其中，城市是指经国务院批准设立的市，其征税范围为市区、郊区和市辖县城，不包括农村；县城是指未设立建制镇的县人民政府所在地的地区；建制镇是指经省、自治区、直辖市人民政府批准设立的建制镇；工矿区是指工商业比较发达、人口比较集中，符合国务院规定的建制镇的标准，但尚未设立建制镇的大中型工矿企业所在地。在工矿区开征房产税必须经省、自治区、直辖市人民政府批准。

独立于房屋之外的建筑物，如围墙、烟囱、水塔、室外游泳池等不属于房产税的征税对象。

### （三）房产税税收优惠

1. 国家机关、人民团体、军队自用的房产

国家机关、人民团体、军队自用的房产免征房产税。但上述免税单位的出租房产及非自身业务使用的生产、经营用房，不属于免税范围。

2. 由国家财政部门拨付事业经费的单位自用的房产

由国家财政部门拨付事业经费（全额或差额）的单位（如学校、医疗卫生单位、托儿所、幼儿园、敬老院及文化、体育、艺术类单位）所有的、本身业务范围内使用的房产免征房产税。

由国家财政部门拨付事业经费的单位，其经费来源实行自收自支后，从事业单位实行

自收自支的年度起，免征房产税 3 年。

上述单位所属的附属工厂、商店、招待所等不属于单位公务、业务用房，应照章纳税。

3. 个人所有非营业用的房产

个人所有非营业用的房产免征房产税。个人所有的非营业用房，主要是指居民住房，不分面积多少，一律免征房产税。对个人拥有的营业用房或者出租的房产，不属于免税房产，应照章征税。

### （四）房产税征收管理

1. 纳税义务发生时间

纳税义务发生时间有如下方面：①纳税人将原有房产用于生产经营，从生产经营之月起，缴纳房产税。②纳税人自行新建房屋用于生产经营，从建成之次月起，缴纳房产税。③纳税人委托施工企业建设的房屋，从办理验收手续之次月起，缴纳房产税。④纳税人购置新建商品房，自房屋交付使用之次月起，缴纳房产税。⑤纳税人购置存量房，自办理房屋权属转移、变更登记手续，房地产登记机关签发房屋权属证书之次月起，缴纳房产税。⑥纳税人出租、出借房产，自交付出租、出借房产之次月起，缴纳房产税。⑦房地产开发企业自用、出租、出借本企业建造的商品房，自房屋使用或交付之次月起，缴纳房产税。

纳税人因房产的实物或权利状态发生变化而依法终止房产税纳税义务的，其应纳税款的计算截至房产的实物或权利状态发生变化的当月月末。

2. 纳税期限

房产税按年计算、分期缴纳，具体纳税期限由省、自治区、直辖市人民政府规定。

3. 纳税地点

房产税在房产所在地缴纳。房产不在同一地方的纳税人，应按房产的坐落地点分别向房产所在地的税务机关申报纳税。

## 二、车船税

### （一）车船税的概念

车船税是指对在中国境内车船管理部门登记的车辆、船舶（以下简称车船）依法征收的一种税。其中，车船是指依法应当在车船管理部门登记的车船。征收车船税，可以促使纳税人提高车船使用效益，督促纳税人合理利用车船，调节和促进经济发展。对进出我国港口的外国籍船舶和外商租用的中国籍船舶,以及中外合营企业使用的外国籍船舶,征收船舶吨税。缴纳船舶吨税的船舶不再缴纳车船使用牌照税。

## (二)车船税的纳税人和征税范围

### 1. 纳税人

车船税的纳税人,是指在中国境内拥有或管理车辆、船舶(以下简称车船)的单位和个人。车辆所有人或者管理人未缴纳车船税的,使用人应代为缴纳车船税。一般情况下,拥有并使用车船的单位和个人是统一的,纳税人既是车船的拥有人,又是车船的使用人。有租赁关系,拥有人与使用人不一致时,如车辆拥有人未缴纳车船税,使用人应当代为缴纳车船税。

外商投资企业、外国企业、华侨和香港、澳门、台湾同胞投资兴办的企业,外籍人员和香港、澳门、台湾同胞等适用《车船税法》,属于车船税的纳税人。

从事机动车第三者责任强制保险业务的保险机构为机动车车船税的扣缴义务人,应当在收取保险费时依法代收车船税,并出具代收税款凭证。

### 2. 征税范围

车船税的征税范围是指在中华人民共和国境内属于车船税法所规定的应税车辆和船舶。具体包括下列两类。

第一,依法应当在车船登记管理部门登记的机动车辆和船舶。机动车辆是指依靠燃油、电力等能源作为动力运行的车辆,包括载客汽车(含电车)、载货汽车(含半挂牵引车、挂车)、三轮汽车、低速货车、摩托车、专业作业车和轮式专用机械车等。船舶包括机动船舶和非机动驳船。其中,机动船舶是指依靠燃料等能源作为动力运行的船舶,如客轮、货船等;非机动驳船,是指没有动力装置,由拖轮拉着或推着运行的船舶。

第二,依法不需要在车船登记管理部门登记的在单位内部场所行驶或者作业的机动车辆和船舶。车船登记管理部门是指公安、交通运输、农业、渔业、军队、武装警察部队等依法具有车船登记管理职能的部门和船舶检验机构;单位是指依照中国法律、行政法规规定,在中国境内成立的行政机关、企业、事业单位、社会团体及其他组织。

## (三)车船税税收优惠

### 1. 免征车船税

下列车船免征车船税:①捕捞、养殖渔船。捕捞、养殖渔船是指在渔业船舶登记管理部门登记为捕捞船或者养殖船的船舶。②军队、武装警察部队专用的车船。军队、武装警察部队专用的车船是指按照规定在军队、武装警察部队车船登记管理部门登记,并领取军队、武警牌照的车船。③警用车船。警用车船是指公安机关、国家安全机关、监狱、劳动教养管理机关和人民法院、人民检察院领取警用牌照的车辆和执行警务的专用船舶。④依照法律规定应当予以免税的外国驻华使领馆、国际组织驻华代表机构及其有关人员的车船。⑤临时入境的外国车船和香港特别行政区、澳门特别行政区、台湾地区的车船，不征收车船税。⑥对使用新能源车船，免征车船税。免征车船税的使用新能源汽车是指纯电动商用车、插电式（含增量式）混合动力汽车、燃料电池商用车。纯电动乘用车和燃料电池乘用车不属于车船税征税范围，对其不征车船税。

2. 其他税收优惠

①对节约能源车船，减半征收车船税。减半征收车船税的节约能源乘用车应同时符合以下标准：获得许可在境内销售的排量为 1.6 升以下（含 1.6 升）的燃用汽油、柴油的乘用车（含非插电式混合动力乘用车和双燃料乘用车）；综合工况燃料消耗量应符合标准；污染物排放应符合《轻型汽车污染物排放限值及测量方法（中国第六阶段）》标准中的限值标准。

②对受严重自然灾害影响纳税困难及有其他特殊原因确须减税、免税的，可以减征或者免征车船税。具体办法由国务院规定，并报全国人民代表大会常务委员会备案。

③省、自治区、直辖市人民政府根据当地实际情况，可以对公共交通车船、农村居民拥有并主要在农村地区使用的摩托车、三轮汽车和低速载货汽车定期减征或者免征车船税。

### （四）车船税征收管理

1. 纳税义务发生时间

车船税的纳税义务发生时间，为取得车船所有权或者管理权的当月。以购买车船的发票或者其他证明文件所载日期的当月为准。

2. 纳税地点

车船税由地方税务机关负责征收。车船税的纳税地点为车船的登记地或者车船税扣缴义务人所在地。纳税人自行申报缴纳车船税的，纳税地点为车船登记地的主管税务机关所在地。依法不需要办理登记的车船，车船税的纳税地点为车船的所有人或者管理人所在地。

3. 纳税申报

车船税按年申报，分月计算，一次性缴纳。纳税年度为公历 1 月 1 日至 12 月 31 日。具体申报纳税期限由省、自治区、直辖市人民政府确定。

第一，机动车车船税扣缴义务人在代收车船税时，应当在机动车交通事故责任强制保险的保险单及保费发票上注明已收税款的信息，作为代收税款凭证。

第二，已完税或者依法减免税的车辆，纳税人应当向扣缴义务人提供登记地的主管税务机关出具的完税凭证或者减免税证明。纳税人没有按照规定期限缴纳车船税的,扣缴义务人在代收代缴税款时,可以一并代收代缴欠缴税款的滞纳金。

第三,扣缴义务人已代收代缴车船税的,纳税人不再向车辆登记地的主管税务机关申报缴纳车船税。

第四,没有扣缴义务人的,纳税人应当向主管税务机关自行申报缴纳车船税。

第五,已缴纳车船税的车船在同一纳税年度内办理转让过户的不另纳税,也不退税。

4.其他管理规定

第一,税务机关可以在车船登记管理部门、车船检验机构的办公场所集中办理车船税征收事宜。

第二,公安机关交通管理部门在办理车辆相关登记和定期检验手续时,经核查,对没有提供依法纳税或者免税证明的,不予办理相关手续。

第三,扣缴义务人应当及时解缴代收代缴的税款和滞纳金,并向主管税务机关申报。扣缴义务人向税务机关解缴税款和滞纳金时,应当同时报送明细的税款和滞纳金扣缴报告。扣缴义务人解缴税款和滞纳金的具体期限,由省、自治区、直辖市地方税务机关依照法律、行政法规的规定确定。

第四,在一个纳税年度内,已完税的车船被盗抢、报废、灭失的,纳税人可以凭有关管理机关出具的证明和完税凭证,向纳税所在地的主管税务机关申请退还自被盗抢、报废、灭失月份起至该纳税年度终了期间的税款。

第五,已办理退税的被盗抢车船失而复得的,纳税人应当从公安机关出具相关证明的当月起计算缴纳车船税。

# 第二节 资源税

## 一、资源税

### (一) 资源税的概念

资源税是对在我国境内从事应税矿产品开采或者生产盐的单位和个人征收的一种税。1950年1月30日,政务院颁布了《全国税政实施要则》,明确规定对盐的生产、运销征收盐税,但未将矿产资源纳入征税范围。1984年9月18日,国务院发布了《中华人民共和国盐税条例 (草案)》《中华人民共和国资源税条例 (草案)》,自1984年10月1日起试行。1993年12月25日国务院颁布、自1994年1月1日起施行《中华人民共和国资源税暂行条例》,同年12月30日,财政部印发《资源税暂行条例实施细则》,取消盐税,将盐税并入资源税；2011年9月21日国务院通过《国务院关于修改〈中华人民共和国资源税暂行条例〉的决定》，自2011年11月1日起实施；2014年10月9日，财政部、国家税务总局对煤炭、石油、天然气资源税有关政策进行了调整，自2014年12月1日起执行。随后又对资源税税率和计税依据进行了调整，自2015年5月1日起，对稀土、钼资源税由从量定额征收改为从价定率征收；2015年8月1日起，煤炭资源税由从量定额计征改为从价定率计征，同时清理了涉及煤炭、原油、天然气、稀土、钼的相关收费基金。2016年7月1日起，将21种资源品目和未列举名称的其他金属矿实行从价计征。这些构成了我国现行的资源税法律制度。

### （二）资源税的纳税人和征税范围

1. 纳税人

资源税的纳税人，是指在中华人民共和国领域及管辖海域开采《资源税暂行条例》规定的矿产品或者生产盐（以下简称开采或者生产应税产品）的单位和个人。其中，单位是指国有企业、集体企业、私营企业、股份制企业、其他企业和行政单位、事业单位、军事单位、社会团体及其他单位；个人是指个体工商户及其他个人。其他单位和其他个人包括外商投资企业、外国企业及外籍人员。

资源税法律制度规定，收购未税矿产品的单位为资源税的扣缴义务人。规定资源税的扣缴义务人，主要是针对零星、分散、不定期开采的情况，为了加强管理、避免漏税，由扣缴义务人在收购应税矿产品时代扣代缴资源税。

收购未税矿产品的单位是指独立矿山、联合企业及其他单位。独立矿山是指只有采矿或只有采矿和选矿，独立核算、自负盈亏的单位，其生产的原矿和精矿主要用于对外销售。联合企业是指采矿、选矿、冶炼（或加工）连续生产的企业或采矿、冶炼（或加工）连续生产的企业，其采矿单位一般是该企业的二级或二级以下核算单位。其他单位包括收购未税矿产品的个体工商户。

2. 征税范围

我国目前资源税的征税范围仅涉及矿产品和盐两类。

（1）原油

原油是指开采的天然原油，不包括人造石油。

（2）天然气

天然气是指专门开采或与原油同时开采的天然气。

（3）煤炭

煤炭包括原煤和以未税原煤加工的洗选煤。原煤是指开采出的毛煤经过简单选矸（矸石直径50 mm以上）后的煤炭，以及经过筛选分类后的筛选煤等。洗选煤是指经过筛选、破碎、水洗、风洗等物理化学工艺，去灰去矸后的煤炭产品，包括精煤、中煤、煤泥等，不包括煤矸石。

（4）其他非金属矿

其他非金属矿原矿是指上列产品和井矿盐以外的非金属矿。包括宝石、金刚石、玉石、膨润土、石墨、石英砂、萤石、重晶石、毒重石、蛭石、长石、沸石、滑石、白云石、硅灰石、凹凸棒石黏土、高岭石土、耐火黏土、云母、大理石、花岗石、石灰石、菱镁矿、石膏、硅线石、工业用金刚石、石棉、硫铁矿、自然硫、磷铁矿等。

（5）金属矿

包括铁矿、金矿、铜矿、铅锌矿、铝土矿、钨矿、锡矿、钼矿、镍矿等。

（6）海盐

包括固体盐和液体盐。

自 2016 年 7 月 1 日起，开展水资源税试点，将地表水和地下水纳入征税范围，实行从量定额征收。各省、自治区、直辖市人民政府可以结合本地实际，根据森林、草场、滩涂等资源开发利用情况提出征收资源税的具体方案建议，报国务院批准后实施。

## （三）资源税税收优惠

资源税贯彻普遍征收、级差调节的立法原则，因此规定的减免税项目比较少。

第一，开采原油过程中用于加热、修井的原油，免税。

第二，纳税人开采或者生产应税产品过程中，因意外事故或者自然灾害等原因遭受重大损失的，由省、自治区、直辖市人民政府酌情决定减税或者免税。

第三，对已经缴纳资源税的岩金矿原矿经选矿形成的尾矿进行再利用的，只要纳税人能够在统计、核算上清楚地反映，并在堆放等具体操作上能够同应税原矿明确区隔开，不再计征资源税。尾矿与原矿如不能划分清楚的，应按原矿计征资源税。

第四，油田范围内运输稠油过程中用于加热的原油、天然气，免征资源税。对稠油、高凝油和高含硫天然气资源税减征 40%；对三次采油资源税减征 30%；对低丰度油气田资源税暂减征 20%；对深水油气田资源税减征 30%。纳税人开采的原油、天然气同时符合上述两项及两项以上减税规定的，只能选择其中一项执行，不能叠加适用。

第五，对实际开采年限在 15 年以上的衰竭期矿山开采的矿产资源，资源税减征 30%。衰竭期矿山是指剩余可采储量下降到原设计可采储量的 20%（含）以下或剩余服务年限不超过 5 年的矿山，以开采企业下属的单个矿山为单位确定。

第六，对充填开采置换出来的矿产资源，资源税减征 50%。充填开采是指随着回采工作面的推进，向采空区或离层带等空间充填废石、尾矿、废渣、建筑废料以及专用充填合格材料等采出矿产品的开采方法。

第七，国务院规定的其他减税、免税项目。

纳税人减税、免税的项目，应当单独核算销售额或者销售数量；未单独核算或者不能准确提供销售额或者销售数量的，不予减税或者免税。

## （四）资源税征收管理

1. 纳税义务发生时间

资源税纳税义务发生时间具体规定如下：①纳税人销售应税产品，纳税义务发生时间为收讫销售款或者取得索取销售款凭据的当天。纳税人采取分期收款结算方式的，其纳税义务发生时间为销售合同规定的收款日期的当天。纳税人采取预收货款结算方式的，其纳税义务发生时间为发出应税产品的当天。纳税人采取其他结算方式的，其纳税义务发生时间为收讫销售款或者取得索取销售！领款凭据的当天。②纳税人自产自用应税产品的纳税义务发生时间，为移送使用应税产品的当天。③扣缴义务人代扣代缴税款的纳税义务发生时间，为支付首笔货款或者开具应支付货款凭据的当天。

2. 纳税地点

纳税人应纳的资源税，应当向应税产品的开采或者生产所在地主管税务机关缴纳。纳税人在本省、自治区、直辖市范围内开采或者生产应税产品，其纳税地点需要调整的，由省、自治区、直辖市税务机关决定。

跨省、自治区、直辖市开采或者生产资源税应税产品的纳税人，其下属生产单位与核算单位不在同一省、自治区、直辖市的，对其开采或者生产的应税产品，一律在开采地或者生产地纳税。

扣缴义务人代扣代缴的资源税，应当向收购地主管税务机关缴纳。

3. 纳税期限

纳税人的纳税期限为 1 日、3 日、5 日、10 日、15 日或者 1 个月，由主管税务机关根据实际情况具体核定；不能按固定期限计算纳税的，可以按次计算纳税。

纳税人以 1 个月为纳税期限的，自期满之日起 10 日内申报纳税；以 1 日、3 日、5 日、10 日或者 15 日为纳税期限的，自期满之日起 5 日内预缴税款，于次月 1 日起 10 日内申报纳税并结清上月税款。

## 二、城镇土地使用税

### （一）城镇土地使用税的概念

城镇土地使用税是国家在城市、县城、建制镇、工矿区范围内，对使用土地的单位和个人，以其实际占用的土地面积为计税依据，按照规定的税额计算征收的一种税。开征城镇土地使用税，有利于通过经济手段，加强对土地的管理，变土地的无偿使用为有偿使用，促进合理、节约使用土地，提高土地使用效益；有利于适当调节不同地区、不同地段之间的土地级差收入，促进企业加强经济核算，理顺国家与土地使用者之间的分配关系。

## （二）城镇土地使用税的纳税人和征税范围

1. 纳税人

城镇土地使用税纳税人，是指在城市、县城、建制镇、工矿区范围内使用土地的单位和个人。其中，单位包括国有企业、集体企业、私营企业、股份制企业、外商投资企业、外国企业及其他企业和事业单位、社会团体、国家机关、军队及其他单位；个人包括个体工商户及其他个人。

国家对城镇土地使用税的纳税人，根据用地者的不同情况分别规定如下：①城镇土地使用税由拥有土地使用权的单位和个人缴纳。②拥有土地使用权的纳税人不在土地所在地的，由代管人或实际使用人缴纳。③土地使用权未确定或权属纠纷未解决的，由实际使用人纳税。④土地使用权共有的，由共有各方共同纳税。土地使用权共有的，以共有各方实际使用土地的面积占总面积的比例，分别计算缴纳城镇土地使用税。

2. 征税范围

城镇土地使用税征税范围是税法规定纳税区域内的土地。凡在城市、县城、建制镇、工矿区范围内的土地，不论是属于国家所有的土地，还是集体所有的土地，都属于城镇土地使用税的征税范围。

城市，是指经国务院批准设立的市，包括市区和郊区。县城，是指县人民政府所在地的城镇。建制镇，是指经省级人民政府批准设立的建制镇，但不包括镇政府所在地所辖行政村。工矿区，是指工商业比较发达、人口比较集中，符合国务院规定的建制镇标准，但尚未设立建制镇的大中型工矿企业所在地。

城市、县城、建制镇和工矿区虽然有行政区域和城建区域之分，但区域中的不同地方，其自然条件和经济繁荣程度各不相同，情况非常复杂，各省级人民政府可根据城镇土地使用税法律制度的规定，具体划定本地城市、县城、建制镇和工矿区的具体征税范围。

3. 城镇土地使用税的计税依据

城镇土地使用税的计税依据是纳税人实际占用的土地面积。土地面积以平方米为计量标准。具体规定如下：①凡由省级人民政府组织的单位测定土地面积的，以测定的土地面积为准。②尚未组织测定，但纳税人持有政府部门核发的土地使用证书的，以证书确定的土地面积为准。③尚未核发土地使用证书的，应由纳税人据实申报土地面积，待核发土地使用证书后再做调整。

## （三）城镇土地使用税税收优惠

1. 免征城镇土地使用税

根据城镇土地使用税法律制度的规定，下列土地免征城镇土地使用税：①国家机关、人民团体、军队自用的土地。②由国家财政部门拨付事业经费的单位自用的土地。③宗教寺庙、公园、名胜古迹自用的土地。④市政街道、广场、绿化地带等公共用地。⑤直接用于农、林、牧、渔业的生产用地。⑥经批准开山填海整治的土地和改造的废弃土地，从使用的月份起免缴土地使用税5至10年。⑦由财政部另行规定的能源、交通、水利设施用地和其他用地。

2. 税收优惠的特殊规定

（1）耕地占用税与城镇土地使用税的征税范围衔接

为避免对一块土地同时征收耕地占用税和城镇土地使用税，凡是缴纳了耕地占用税的，从批准征用之日起满1年后征收城镇土地使用税；征用非耕地不需要缴纳耕地占用税，应从批准征用之次月起征收城镇土地使用税。

（2）免税单位与纳税单位之间无偿使用的土地

对免税单位无偿使用纳税单位的土地，免征城镇土地使用税；对纳税单位无偿使用免税单位的土地，纳税单位应照章缴纳城镇土地使用税。

（3）房地产开发公司建造商品房的用地

房地产开发公司建造商品房的用地，除经批准开发建设经济适用房用地外，对各类房地产开发用地一律不得减免城镇土地使用税。

（4）基建项目在建期间的土地

对基建项目在建期间使用的土地，原则上应征收城镇土地使用税。但对有些基建项目，特别是国家产业政策扶持发展的大型基建项目，由于占地面积大、建设周期长、在建期间又没有经营收入，纳税确有困难的，可由各省、自治区、直辖市税务机关根据具体情况予以免征或减征城镇土地使用税；对已经完工或已经使用的建设项目，其用地应照章征收城镇土地使用税。

（5）城镇内的集贸市场（农贸市场）用地

城镇内的集贸市场（农贸市场）用地，按规定应征收城镇土地使用税。为了促进集贸市场的发展及照顾各地的不同情况，各省、自治区、直辖市税务机关可根据具体情况，自行确定对集贸市场用地征收或者免征城镇土地使用税。

（6）防火、防爆、防毒等安全防范用地

对各类危险品仓库、厂房所需的防火、防爆、防毒等安全防范用地，可由各省、自治区、直辖市税务机关确定，暂免征收城镇土地使用税；对仓库库区、厂房本身用地，应暂免征收城镇土地使用税。

（7）关闭、撤销的企业占地

企业关闭、撤销后，其占地未作他用的，经各省、自治区、直辖市税务机关批准，可暂免征收城镇土地使用税；如土地转让给其他单位使用或企业重新用于生产经营的，应依照规定征收城镇土地使用税。

（8）搬迁企业的用地

企业搬迁后原有场地不使用的、企业范围内荒山等尚未利用的土地，免征城镇土地使用税;暂免征收城镇土地使用税的土地开始使用时,应从使用的次月起自行计算和申报缴纳城镇土地使用税。

(9) 企业的铁路专用线、公路等用地

企业的铁路专用线、公路等用地,在厂区以外、与社会公用地段未加隔离的,暂免征收城镇土地使用税;在企业厂区(包括生产、办公及生活区)以内的,应照章征收城镇土地使用税。

(10) 企业范围内的荒山、林地、湖泊等占地

对企业范围内的荒山、林地、湖泊等占地,全额征收城镇土地使用税。

### (四)城镇土地使用税征收管理

1. 纳税义务发生时间

纳税义务发生时间有如下方面:①纳税人购置新建商品房,自房屋交付使用之次月起,缴纳城镇土地使用税。②纳税人购置存量房,自办理房屋权属转移、变更登记手续,房地产登记机关签发房屋权属证书之次月起缴纳城镇土地使用税。③纳税人出租、出借房产,自交付出租、出借房产之次月起缴纳城镇土地使用税。④房地产开发企业自用、出租、出借本企业建造的商品房,自房屋使用或交付之次月起缴纳城镇土地使用税。⑤纳税人新征用的耕地,自批准征用之日起满1年时开始缴纳城镇土地使用税。⑥纳税人新征用的非耕地,自批准征用之次月起缴纳城镇土地使用税。

2. 纳税地点

城镇土地使用税在土地所在地缴纳。纳税人使用的土地不属于同一省、自治区、直辖市管辖的,由纳税人分别向土地所在地税务机关缴纳城镇土地使用税;在同一省、自治区、直辖市管辖范围内,纳税人跨地区使用的土地,其纳税地点由各省、自治区、直辖市地方税务局确定。

3. 纳税期限

城镇土地使用税按年计算、分期缴纳。具体缴纳期限由省、自治区、直辖市人民政府确定。

## 三、耕地占用税

### (一)耕地占用税的概念

耕地占用税,是指为了合理利用土地资源,加强土地管理,保护耕地,对占用耕地建房或者从事其他非农业建设的单位和个人,就其实际占用的耕地面积征收的一种税。与其

他税种相比，耕地占用税兼有土地资源税和行为税的双重属性，采用地区差别税额，实行从量征收和一次课征制，并具有税收用途明确的特点。

## （二）耕地占用税的纳税人、征税范围和税率

1. 纳税人

耕地占用税纳税人是在我国境内占用耕地建房或者从事其他非农业建设的单位和个人。单位，包括国有企业、集体企业、私营企业、股份制企业、外商投资企业、外国企业及其他企业和事业单位、社会团体、国家机关、部队及其他单位；个人，包括个体工商户及其他个人。

2. 征税范围

耕地占用税征税范围，包括国家所有和集体所有的用于种植农作物的土地。耕地是指用于种植农作物的土地，包括菜地、园地。其中，园地包括花圃、苗圃、茶园、果园、桑园和其他种植经济林木的土地。

占用鱼塘及其他农用土地建房或从事其他非农业建设，也视同占用耕地，必须依法征收耕地占用税。占用已开发从事种植、养殖的滩涂、草场、水面和林地等从事非农业建设，由省、自治区、直辖市本着有利于保护土地自然生态平衡的原则，结合具体情况确定是否征收耕地占用税。

占用耕地、牧草地、农田水利用地、养殖水面及渔业水域滩涂等其他农用地建房或者从事非农业建设的，征收耕地占用税。

用于农业生产并已由相关行政主管部门发放使用权证的草地，以及用于种植芦苇并定期进行人工养护管理的苇田，属于耕地占用税的征税范围。

建设直接为农业生产服务的生产设施占用前款规定的农用地的，不征收耕地占用税。

3. 税率

耕地占用税采用地区差别定额税率，以县为单位的人均耕地面积为标准，并参照地区的经济发展状况，确定高低不同的单位幅度税额。为了避免毗邻地区税率悬殊，财政部规定了各省、自治区、直辖市的平均税额。各省、自治区、直辖市在规定的幅度内，可根据所属县、市的人均占有耕地情况和经济发展状况，有差别地规定其单位税额，但全省平均数不得低于财政部核定的上述平均税额。

## （三）耕地占用税税收优惠

1. 下列项目占用耕地，可以免征耕地占用税

第一，军事设施，包括地上、地下的军事指挥、作战工程；军用机场、港口、码头；

营区、训练场、试验场；军用洞库、仓库；军用通信、侦察、导航、观测台站和测量、导航、助航标志；军用公路、铁路专用线，军用通信、输电线路，军用输油、输水管道；其他直接用于军事用途的设施。

第二，学校，包括县级以上人民政府教育行政部门批准成立的大学、中学、小学、学历性职业教育学校及特殊教育学校。学校内经营性场所和教职工住房占用耕地的，按照当地适用税额缴纳耕地占用税。

第三，幼儿园，包括在县级以上人民政府教育行政部门登记注册或者备案的幼儿园内专门用于幼儿保育、教育的场所。

第四，养老院，包括经批准设立的养老院内专门为老年人提供生活照顾的场所。

第五，医院，包括县级以上人民政府卫生行政部门批准设立的医院内专门用于提供医护服务的场所及其配套设施。医院内职工住房占用耕地的，按照当地适用税额缴纳耕地占用税。

2. 下列项目占用耕地，可以减按每平方米2元的税额标准征收耕地占用税

第一，铁路线路，包括铁路路基、桥梁、涵洞、隧道及其按照规定两侧留地。专用铁路和铁路专用线占用耕地的，按照当地适用税额缴纳耕地占用税。

第二，公路线路，包括经批准建设的国道、省道、县道、乡道和属于农村公路的村道的主体工程及两侧边沟或者截水沟。专用公路和城区内机动车道占用耕地的，按照当地适用税额缴纳耕地占用税。

第三，飞机场跑道、停机坪，包括经批准建设的民用机场专门用于民用航空器起降、滑行、停放的场所。

第四，港口，包括经批准建设的港口内供船舶进出、停靠，以及旅客上下、货物装卸的场所。

第五，航道，包括在江、河、湖泊、港湾等水域内供船舶安全航行的通道。

农村居民经批准在户口所在地按照规定标准占用耕地，建设自用住宅，可以按照当地的适用税额标准减半征收耕地占用税。

农村革命烈士家属、革命残废军人、鳏寡孤独，以及革命老根据地、少数民族聚居地区和边远贫困山区生活困难的农户，在规定用地标准以内新建住宅纳税确有困难的，由纳税人提出申请，经所在地乡（镇）人民政府审核，报经县级人民政府批准后，可以给予减税或者免税。其中，农村烈士家属包括农村烈士的父母、配偶和子女；革命老根据地、少数民族聚居地区和边远贫困山区生活困难的农村居民，其标准按照各省、自治区、直辖市人民政府有关规定执行。

按规定免征或者减征耕地占用税后，纳税人改变占地用途，不再属于免税或减税情形

的，应补缴耕地占用税。

### （四）耕地占用税征收管理

1. 纳税业务发生时间

经批准占用耕地的，耕地占用税纳税义务发生时间为纳税人收到土地管理部门办理占用农用地手续通知的当天。

未经批准占用耕地的，耕地占用税纳税义务发生时间为纳税人实际占用耕地的当天。

2. 纳税地点和征收机构

纳税人占用耕地或其他农用地，应当在耕地或其他农用地所在地申报纳税。

耕地占用税由地方税务机关负责征收。土地管理部门在通知单位或者个人办理占用耕地手续时，应当同时通知耕地所在地同级地方税务机关。获准占用耕地的单位或者个人应当在收到土地管理部门的通知之日起30日内缴纳耕地占用税。土地管理部门凭耕地占用税完税凭证或者免税凭证和其他有关文件发放建设用地批准书。

纳税人临时占用耕地应当依照规定缴纳耕地占用税。纳税人在批准临时占用耕地的期限内恢复所占用耕地原状的，全额退还已经缴纳的耕地占用税。

## 第三节  行为税

### 一、印花税

#### （一）印花税的概念

印花税是对经济活动和经济交往中书立、领受、使用税法规定应税凭证的单位和个人征收的一种税。因纳税人主要是通过在应税凭证上粘贴印花税票来完成纳税义务，故名印花税。

印花税具有覆盖面广、税率低、纳税人自行完税的特点。纳税人自行完税，是指纳税人在书立、领受、使用应税凭证、发生纳税义务的同时，先根据凭证所载计税金额和适用的税目和税率，自行计算其应纳税额，再由纳税人自行购买印花税票，并一次足额粘贴在应税凭证上，最后由纳税人按规定对已粘贴的印花税票自行注销或划销。

## （二）印花税的纳税人和征税范围

**1. 纳税人**

印花税纳税人，是指在中国境内书立、领受、使用应税凭证或者在境内进行证券交易的单位和个人。其中，单位是指企业、行政单位、事业单位、军事单位、社会团体和其他单位，个人是指个体工商户和其他个人。

如果一份合同或应税凭证由两方或两方以上当事人共同签订，签订合同或应税凭证的各方都是印花税的纳税人，应各自就其所持合同或应税凭证的计税金额履行纳税义务。

根据书立、领受、使用应税凭证的不同，印花税的纳税人可分为立合同人、立账簿人、立据人、领受人和使用人等。

**2. 征税范围**

我国经济活动中发生的经济凭证种类繁多、数量巨大，现行印花税采取列举形式，只对《印花税暂行条例》列举的凭证征收，没有列举的凭证不征税。列举的凭证分为五类，即合同类、产权转移数据类、营业账簿类、权利、许可证照类和证券交易类。具体征税范围如下：

（1）合同

合同是指平等主体的自然人、法人、其他组织之间设立、变更、终止民事权利义务关系的协议。

（2）产权转移书据

产权转移即财产权利关系的变更行为，表现为产权主体发生变更。产权转移书据是在产权的买卖、交换、继承、赠与、分割等产权主体变更过程中，由产权出让人与受让人之间所订立的民事法律文书。

印花税税目中的产权转移书据包括土地使用权出让和转让书据；房屋等建筑物、构筑物所有权、股权（不包括上市和挂牌公司股票）、商标专用权、著作权、专利权、专有技术使用权转让书据。

（3）营业账簿

印花税税目中的营业账簿归属于财务会计账簿，是按照财务会计制度的要求设置的，反映生产经营活动的账册。按照营业账簿反映的内容不同，在税目中分为记载资金的账簿（简称资金账簿）和其他营业账簿两类，对记载资金的营业账簿征收印花税，对其他营业账簿不征收印花税。其中，资金账簿是反映生产经营单位"实收资本"和"资本公积"金额增减变化的账簿。

（4）权利、许可证照

权利、许可证照是政府授予单位、个人某种法定权利和准予从事特定经济活动的各种证照的统称，包括政府部门发放的不动产权证书、营业执照、商标注册证、专利证书等。

(5) 证券交易

证券交易是指在依法设立的证券交易所上市交易或者在国务院批准的其他证券交易场所转让公司股票和以股票为基础发行的存托凭证。

### (三) 印花税征收管理

1. 纳税义务发生时间

印花税应当在书立或领受时贴花。具体是指在合同签订时、账簿启用时和证照领受时贴花。如果合同是在国外签订，并且不便在国外贴花的，应在将合同带入境时办理印花税缴纳手续。

证券交易印花税扣缴义务发生时间为证券交易完成的当日，证券登记结算机构为证券交易印花税的扣缴义务人。

2. 纳税地点

单位纳税人应当向其机构所在地的主管税务机关申报缴纳印花税；个人纳税人应当向应税凭证订立、领受地或者居住地的税务机关申报缴纳印花税。

纳税人出让或者转让不动产产权的，应当向不动产所在地的税务机关申报缴纳印花税。证券交易印花税的扣缴义务人应当向其机构所在地的主管税务机关申报缴纳扣缴的印花税税款。

3. 纳税期限

印花税按季、按年或者按次计征。实行按季、按年计征的，纳税人应当于季度、年度终了之日起 15 日内申报并缴纳税款。实行按次计征的，纳税人应当于纳税义务发生之日起 15 日内申报并缴纳税款。

证券交易印花税按周解缴。证券交易印花税的扣缴义务人应当于每周终了之日起 5 日内申报解缴税款。

4. 缴纳方法

根据税额大小、纳税次数多少及税源管控的需要，印花税分别采用自行贴花、汇贴汇缴和委托代征三种缴纳方法。

(1) 自行贴花

即实行"三自纳税"，纳税人在书立、领受应税凭证时，自行计算应纳印花税税额，向当地税务机关或印花税票代售点购买印花税票，自行在应税凭证上一次贴足印花税票并自行注销，这是缴纳印花税的基本方法。印花税票一经售出，国家即取得了印花税收入，但不等于纳税人履行了纳税义务，只有在纳税人按规定将印花税票（足额）粘贴在应税凭证的适当位置后,经盖销或划销后才算完成了纳税手续。已完成纳税手续的凭证应按规定的期限妥善保管,以备核查。同时必须明确:已贴用的印花税票不得重用;已贴花的凭证,修改后所载金额有增加的,其增加部分应当补贴印花税票。

(2) 汇贴汇缴

一份凭证应纳税额超过 500 元的,纳税人应当向当地税务机关申请填写缴款书或者完税证,将其中一联粘贴在凭证上或者由税务机关在凭证上加注完税标记代替贴花。

同一种类应纳税凭证,须频繁贴花的,应向当地税务机关申请按期汇总缴纳印花税。税务机关对核准汇总缴纳印花税的单位,应发给汇缴许可证。汇总缴纳期限由当地税务机关确定,但最长期限不得超过 1 个月。凡汇总缴纳印花税的凭证,应加注税务机关指定的汇缴戳记,编号并装订成册后,将已贴印花或者缴款书的一联粘附册后,盖章注销,保存备查。

(3) 委托代征

为加强征收管理,简化手续,印花税可以委托有关部门代征,实行源泉控管。对通过国家有关部门发放、鉴证、公证或仲裁的应税凭证,税务部门可以委托这些部门代征印花税,发给代征单位代征委托书,明确双方的权利和义务。

## 二、环境保护税

### (一) 环境保护税的概念

环境保护税是对在我国领域及管辖的其他海域直接向环境排放应税污染物的企事业单位和其他生产经营者征收的一种税。环境保护税自 2018 年 1 月 1 日起开征,同时减征排污费。环境保护税是我国首个明确以环境保护为目标的独立型环境税税种,有利于保护和改善环境、减少污染物排放、推进生态文明建设,有利于解决排污费制度存在的执法刚性不足等问题,有利于提高纳税人环保意识和强化企业治污减排责任。

### (二) 环境保护税的纳税人

环境保护税的纳税人是在中华人民共和国领域和中华人民共和国管辖的其他海域直接向环境排放应税污染物的企业事业单位和其他生产经营者。其中,其他生产经营者是指从事生产经营活动的个体工商户和其他组织。

应税污染物,是指《环境保护税法》所附《环境保护税税目税额表》《应税污染物和当量值表》所规定的大气污染物、水污染物、固体废物和噪声。

有下列情形之一的,不属于直接向环境排放污染物,不缴纳相应污染物的环境保护税:①企事业单位和其他生产经营者向依法设立的污水集中处理、生活垃圾集中处理场所排放应税污染物的。②企事业单位和其他生产经营者在符合国家和地方环境保护标准的设施、场所贮存或者处置固体废物的。③达到省级人民政府确定的规模标准并且有污染物排放口的畜禽养殖场，应当依法缴纳环境保护税，但依法对畜禽养殖废弃物进行综合利用和无害化处理的，不属于直接向环境排放污染物，不缴纳环境保护税。

### （三）环境保护税税收减免

1. 暂免征税项目

下列情形，暂予免征环境保护税：①农业生产（不包括规模化养殖）排放应税污染物的。②机动车、铁路机车、非道路移动机械、船舶和航空器等流动污染源排放应税污染物的。③依法设立的城乡污水集中处理、生活垃圾集中处理场所排放相应应税污染物，不超过国家和地方规定的排放标准的。④纳税人综合利用的固体废物，符合国家和地方环境保护标准的。⑤国务院批准免税的其他情形。

2. 减征税额项目

减征税额项目包含以下方面：①纳税人排放应税大气污染物或者水污染物的浓度值低于国家和地方规定的污染物排放标准30%的，减按75%征收环境保护税。②纳税人排放应税大气污染物或者水污染物的浓度值低于国家和地方规定的污染物排放标准50%的，减按50%征收环境保护税。

### （四）环境保护税征收管理

1. 征管方式

环境保护税采用"企业申报、税务征收、环保协同、信息共享"的征管方式。纳税人应当依法如实办理纳税申报，对申报的真实性和完整性承担责任；税务机关依照《中华人民共和国税收征收管理法》和《环境保护税法》的有关规定征收管理；环境保护主管部门依照《环境保护税法》有关环境保护法律法规的规定负责对污染物的监测管理；县级以上地方人民政府应当建立税务机关、环境保护主管部门和其他相关单位分工协作工作机制；环境保护主管部门和税务机关应当建立涉税信息共享平台和工作配合机制，定期交换有关纳税信息资料。

2. 数据传递和比对

环境保护主管部门应当将排污单位的排污许可、污染物排放数据、环境违法和受行政处罚情况等环境保护相关信息，定期交送税务机关。

税务机关应当将纳税人的纳税申报、税款入库、减免税额、欠缴税款及风险疑点等环境保护税涉税信息，定期交送环境保护主管部门。

税务机关应当将纳税人的纳税申报数据资料与环境保护主管部门交送的相关数据资料进行比对。纳税人申报的污染物监测数据与环境保护主管部门传递的相关数据不一致的，税务机关应当按照环境保护主管部门交送的数据确定应税污染物的计税依据。

### 3. 复核

税务机关发现纳税人的纳税申报数据资料异常或者纳税人未按照规定期限办理纳税申报的，可以提请环境保护主管部门进行复核，环境保护主管部门应当自收到税务机关的数据资料之日起15日内向税务机关出具复核意见。税务机关应当按照环境保护主管部门复核的数据资料调整纳税人的应纳税额。

纳税人的纳税申报数据资料异常，是指下列情形：①纳税人当期申报的应税污染物排放量与上年同期相比明显偏低，且不能说明正当理由的。②纳税人单位产品污染物排放量与同类型企业相比明显偏低，且不能说明正当理由的。③纳税申报数据资料明显异常的其他情形。

### 4. 纳税时间

环境保护税纳税义务发生时间为纳税人排放应税污染物的当日。环境保护税按月计算，按季申报缴纳。不能按固定期限计算缴纳的，可以按次申报缴纳。

纳税人按季申报缴纳的，应当自季度终了之日起15日内，向税务机关办理纳税申报并缴纳税款。纳税人按次申报缴纳的，应当自纳税义务发生之日起15日内，向税务机关办理纳税申报并缴纳税款。纳税人申报缴纳时，应当向税务机关报送所排放应税污染物的种类、数量，大气污染物、水污染物的浓度值，以及税务机关根据实际需要要求纳税人报送的其他纳税资料。

### 5. 纳税地点

纳税人应当向应税污染物排放地的税务机关申报缴纳环境保护税。应税污染物排放地是指应税大气污染物和水污染物排放口所在地、固体废物产生地、工业噪声产生地。

纳税人的应税大气污染物和水污染物排放口与生产经营地位于不同省级行政区的，由生产经营地税务机关管辖。

税务机关对纳税人跨区域排放污染物的税收管辖有争议的，由争议各方依照有利于征收管理的原则逐级协商解决；不能协商一致的，报请共同的上级税务机关决定。

纳税人从事海洋工程向中华人民共和国管辖海域排放应税大气污染物、水污染物或者固体废物，申报缴纳环境保护税的具体办法，由国务院税务主管部门会同国务院海洋主管部门规定。

# 第八章 基于"互联网+"企业财税管理

## 第一节 "互联网+"企业财税管理的变革

### 一、企业财税管理的内涵

企业财税管理是企业管理的重要内容,主要是指企业在经营管理过程中对所有的财务会计及涉税业务实施全程管理的行为。从税收角度分析,企业财税管理要求企业在不违反会计法、税法及其他相关法律、法规的前提下,通过对企业经营活动、投资行为等理财涉税事项进行预测与协调,以实现科学理财、减轻税负或者延期纳税等目标。

从内部管理角度分析,企业财税管理是企业实施管理和控制的重要部分,贯穿于企业经营管理的各个环节,在涉及税务的全部经济事项上进行把控,采集涉税信息、进行税费处理、及时纳税申报、缴纳应纳税款、防范税务风险等,保证企业依法、合理、顺利进行纳税。

加强企业财税管理,对企业自身发展具有无可争议的意义。财税管理关系到企业利益,渗透到企业各项行为的方方面面,良好的财税状况是一个企业存在和发展的根基,企业只有深入了解自身状况,才能更好地制定发展方向、采取发展行动,加强财税管理无论对短期效益还是长远发展都具有重要作用。

### 二、"互联网+"背景下企业财税管理变化

#### (一)财税管理外部环境的变化

互联网时代的到来,人与人之间快速地交往和信息传递,使社会节奏加快,企业面临的外部环境产生日新月异的变化,促使企业财税活动、财税管理环境也适时而变。企业的财税活动都是在一定的经济环境下进行的,企业财税管理的目标、手段、方式方法和企业的管理环境有着千丝万缕的联系,必然会受到财税管理环境的影响,因此须对企业外部环

境的变化进行深刻研究。

1. 企业以需求为导向，由"规模化"向"个性化"转变

传统企业注重生产的规模化，大批量而统一的产品生产形成规模效应，使企业成本下降，以此获利更多。而随着经济的发展，加上互联网时代的到来，消费者可以以更加便捷的方式获得想要的商品，选择余地大大增加。所以企业要更加注重以客户为导向，重视客户的个性化需求。

2. 企业更加注重信息的收集和应用

瞬息万变的企业环境影响着企业发展方向的变化。互联网把社会各个角落连接起来，一个企业需要了解客户信息、供应链上承载的信息、政策信息，挖掘自身信息，做到完全了解与企业发展相关的信息动态，才可将企业引领至正确方向上。

3. 企业对"速度"提出更高要求

企业的"速度"在互联网高速运转下体现为创新的速度。网络经济奉行"先到先得，且后来难居上"的原则，占得先机的企业，其用户吸收成本低，且用户忠诚度高，可以迅速占领大批的市场又很难被同质商品取代。除此之外，在顾客层面，企业能否快速跟上顾客需求的变化，能否缩短产品配送时间，能否及时和顾客有效沟通同样至为关键，在个性化时代企业需要快速反应能力。

### （二）财税管理内部结构的变化

传统财税管理受限于空间距离，组织结构类似于一个金字塔，企业的总部、分支机构、各部门层层组织起来，各部门良好协作，形成固定的流程。一般来说，日常经营中，企业财务由下层处理后向上汇总，上下层之间不断沟通交流，最终汇总至最上层。受限于沟通交流的障碍，各岗位的财务人员一般只须管理好本部门内部的财税，即使是总部也很少涉及分支机构的财税细节。

互联网时代，网络互联环境下财税管理人员的工作地点发生变化，传统的办公室搬到了互联网，财税管理人员可以在任何地方办公，摆脱了空间限制。企业各部门的运行情况、企业和财税部门的信息传递、企业和企业间的业务往来，可以通过互联网系统表现出来，对大企业而言，总部可以及时了解各分支机构的财税状况，对整个企业财税进行把控。如此一来，可以减少企业财税管理的层级，精简财务人员数量，也更方便总部加强对企业整体财税的管理。企业财税管理从垂直管理走向扁平管理、从有界管理走向无界管理。

### （三）财税管理的集成化

互联网，顾名思义，就是相互联系的网络。近年来随着政府"互联网+"行动的进一步推动，这张网络可以做到把社会各个角落联系起来，把企业和企业涉及的整个环境连接

和沟通起来。互联网的发展不仅把企业内部各部门紧密相连，而且把企业和其他企业，企业和金融机构、财税机关等其他机构紧密相连。

### 1. 企业和其他企业

在传统模式下，企业和环境虽有联系，但多是孤军奋战，企业奉行经营范围扩张的极限化，拓展业务和规模，兼并更多的企业，使企业可以横贯整个产业链。而现在，企业更加强调在一个领域内做精做强，提高竞争力，成为不可替代的"角色"，这样一来，企业更加依赖其他企业。再加上互联网使沟通协作效率提高，企业便由竞争转为合作，形成供应链和企业联盟。

### 2. 企业和金融机构

金融机构在企业筹资、融资过程中都发生着重要作用，一个好的企业越来越重视资金的合理运用与合理流动。此外，网上支付系统的普及，使企业和金融机构之间的关系更加密切，企业大大小小的支出、收入，大多以互联网为基础、以金融机构为辅助。

### 3. 企业和财税机关

随着"金财""金税"工程的完善，财税机关的业务已经基本搬上互联网平台，这要求企业能配套和对接。随着技术的发展和改革的推进，未来企业信息可以实现由互联网精准传输，既减少了沟通成本，又加强了财税机关对企业的管理和监督。

## （四）财税管理的信息化

互联网广泛运用的今天，企业之间的竞争，从人力、财力、物力的角逐，逐渐转为一场信息大战，谁掌握了更多的信息，就掌握了发展的动态和方向，进一步支配着企业资源的流向。市场在发生飞速的变化，一个企业的崛起和衰弱往往只在朝夕之间，失败的案例究其原因，多是未能跟上时代的步伐，未能把握稍纵即逝的机遇，未能及时应对市场的变化。如果企业不建立自身的信息体系，对自身的财务状况没有深入挖掘、没有掌握足够的可用信息，则难以及时发现错漏，错失改变和弥补的时机。

企业财税管理不应局限于采集涉税信息、计算应纳税额、申报缴纳税费，还应形成完善的财税分析体系，掌握全面的企业财税信息。一方面可以由此透析企业走向，及时了解企业发展程度；另一方面以财务数据为基础建立财税分析模型，能够达到财税分析指标的实时生成，给企业税收筹划、科学纳税提供基础，同时监控涉税指标的异常变化，较为有利防范财税风险。

在一个新的制度变化下，如果不进行相应的财务管理革新，可能就跟不上队伍。在"营改增"整个过程中，企业财务负责人一定要高度重视财务革新。以京东为例，京东的很多业务调整与"营改增"试点工作步伐是吻合的。因为包括商城等几大业务板块都在增值税的覆盖范围内，京东随着"营改增"的改革进程适时调整策略。对京东来说，税负确实得到了极大程度的改善。

电子发票正在替代纸质发票。在当前"互联网+"背景下，"营改增"等财税体制改革已初见成效。而"互联网+税务"的提出不仅是"互联网+"全面发展下的一次行业整合与创新，更引领了财税领域新一轮的变革。这不是简单将传统业务搬到互联网上，而是基于互联网生态圈构建税收管理新模式、拓展税收服务新领域、促进税收业务的变革，这是税收信息化适应互联网时代发展理应包含的新内容、呈现的新形态。

"营改增"无疑给企业带来了红利。但同时也对企业的发票管理、增值税进项税额的认证与抵扣等一系列财税管理实践提出了挑战，企业应全面提高自身的财税管理信息化水平。

在互联网迅猛发展和全面实行"营改增"、取消营业税的新时期，企业应把财税信息化管理列为核心建设目标。企业应在财税信息化管理中创新应用模式，通过理念、构架、功能的重构，提升应用模式的针对性和有效性。在合理构建企业财税信息化管理应用模式的同时，做到对企业财税管理等各项工作的有效强化，最终实现企业财税管理的现代化与信息化。

相应产生的"互联网+税务"这一理念，旨在建立良好的税收生态环境，而电子发票被列为工作重点，也就是"互联网+"电子发票，意在摆脱传统纸质发票的桎梏。对电商企业来说，在互联网这一大型平台上，更要推行电子交易、会计核算信息化及税收征管信息化。因此，电子发票起着不可忽视的作用。随着"互联网+"时代的来临，电子发票作为信息时代发票形态及服务管理方式变革的新产物，开始逐步取代纸质发票。

我们看到各地方税务局正努力响应"互联网+税务"的号召，共建税收信息化与现代化，全面推行增值税发票管理新系统，不断推进办税便利化改革。但在具体实践过程中，政策的施行还属试水阶段，很多细节性问题还须进一步与企业沟通与配合。

电子发票影响深远，"互联网+"电子发票将对纳税人、税务人产生巨大影响，在企业经营成本方面，电子发票的普及有利于降低企业的经营成本，对开票量较大的电商行业尤为重要。传统的纸质发票在使用过程中的显性成本为六部分，包括印制成本、购置成本、打印成本、邮寄成本、储存成本以及换货及冲红发票处理成本。此外，在发票使用过程中的隐性成本更为巨大。纸质发票使用不仅程序烦琐，而且耗费大量的时间和人力。而电子发票则实现了财务流程自动化，消除了纸质交易带来的不便。在使用电子发票进行商品和服务采购时，大大降低了企业的用票成本。

从另一个角度看，经营成本的降低使电商更愿意开具电子发票，这也同时促进了电商企业经营行为的规范化，增加了交易的透明度，从而推动全社会诚信体系的建立。

在财务工作方面，电子发票的推出将对企业会计程序变革产生深刻的影响。电子发票如能与相关管理软件打通技术接口，直接从发票中抓取数据形成记账凭证，会计核算中原始凭证的整理、汇总及记账凭证的填制、汇总等工作将不再由财务人员人工操作，将大大减轻财务人员的日常工作量，从而使会计工作的重心从强调会计记录向服务于企业内部决策转移，为管理会计的重塑带来新机遇。

# 第二节 "互联网+"企业财税管理方法

## 一、基础：涉税信息采集

### （一）业务管理和财务管理协同

对一个企业而言，从设立到终止，发生的每项业务、进行的每个经营管理细节都可能涉及税收。互联网时代下，企业财税管理的一大特点就是不断向前的业务延伸，企业财税管理和业务管理需要协同进行。随着企业整体信息化的提升，企业的业务和互联网也能够紧密地联系起来，很多业务信息可以在企业的网上系统中留下痕迹，企业业务的后续管理也大多需要电脑系统的数字化信息化处理。依托这一优势，财税管理和业务管理结合起来，使业务信息自动传输至财税部门，转化成有用的财税信息保存下来，就能实现业务和财税管理的横向集成、共同处理，一旦产生业务信息，即可获得相应的财税信息，以解决传统财税管理信息收集不便捷的弊端。

### （二）规范业务数据和财税数据

一件经济事项发生后到落实在电脑上成为数据，其收集和处理方式会影响最终的结果，要实现信息在全企业无障碍地共享和流动，首先要制定一套规范的业务数据和财务数据处理标准。统一各部门、各分支机构财税管理的口径、方法，同一经济事项应该有相同的管理尺度、管理标准，使不同财税管理人员处理的数据具有可比性，满足企业总分机构、内部各部门之间的信息流畅通，才能实现信息的共享和集成，扫除财务信息化管理的基础障碍。

## 二、主体：税务账簿、税费计提、纳税申报、发票管理

### （一）税务账簿

税务账簿是通过对财税管理系统初步信息的筛选，对各项业务收集信息的提炼，剔除和税费计算无关的交易信息，只留下税务统计所必要信息，形成各项税种的账目和明细，

使企业管理者能够对需要缴纳的税种以及各项税种涉及的业务信息一目了然，实现涉税业务信息的轻松回溯，便于了解企业税务管理的来龙去脉。

对企业自身而言，大量业务信息需要实现分类，才能方便转换成精简的税务信息。针对一般企业的业务，根据它们发生的领域或时间不同，本书强调三部分：商品的交易部分、财产的买卖和使用部分、经营成果的统计部分。之所以重点关注这三部分，是因为涉及这三部分的业务是税费形成的主要部分。

1. 商品的交易部分

这里的"商品"既包括生产、销售企业买卖的一般意义上的商品，也包括劳务、服务类企业提供的劳务、服务；而这里的"交易"，既包括企业从上游的采购，也包括向下游的销售，覆盖所有的流转环节。这一部分多会形成流转税，流转税是以纳税人商品生产、流通环节的流转额或者数量以及非商品交易的营业额为征税对象的一类税制，主要有增值税、消费税和关税。另外，如果在流转前签订合同，便涉及印花税；以流转税额为基础计算的城市维护建设税和教育费附加，会在流转税额确定后相应形成。

2. 财产的买卖和使用部分

这里的涉税"财产"，指土地使用权、房产和车辆，企业买卖这几项财产一般涉及车辆购置税、土地增值税、契税的缴纳；购买完成后，企业在财产使用、维护过程中，一般还须缴纳诸如房产税、车船税、城镇土地使用税等。

3. 经营成果的统计部分

这部分主要涉及企业所得税。企业在完成经营成果的统计后，计算出企业一段时间的收入、费用和利润，其所得要依据企业所得税法的规定，进行纳税事项调整，形成税法认可的应纳税所得额，然后按照一定的税率，计算上缴企业所得税。为此，企业可以建立税务备查簿，把纳税调整事项的相关信息载入会计账务中，通过定义企业会计和税务会计之间的差别，让每一笔需要纳税调整的事项发生后，自动载入税务备查账簿。可省去人工发现、整理、核算纳税调整事项，以增加纳税调整的准确性，减少税务风险，为企业申报纳税和税务机关查账提供支持。

## （二）税费计提

在形成了税务账簿后，企业发生经济事项要缴纳的税种已经确定，接下来就是根据这些具体的税务信息，计算出应纳税额。税费计提中，企业可以充分利用信息化处理的优势，根据税法设计出合适的模型，系统提供统一的税费计提模板，嵌入财税管理系统中，对税费计提业务进行规范。固化的模型可以统一每类业务处理的流程、标准，只要找到相关经济事项的数额，便可快速通过计算机系统统计出来实现自动计提。计提完成后，生成相应的税费计提凭证，留存在系统中，以备了解和检查。对若干税种的计提举例分析如下：

1. 商品交易环节的流转税计提

流转环节涉及的税种主要是流转税，对商品生产、销售企业来说，流转税的征税对象主要是商品的流转额；对提供服务的企业来说，流转税的征收对象是非商品交易的营业额。对流转税的信息筛选，主要关注企业购进货物、销售货物、提供劳务和服务的环节，这几个环节产生的业务，往往涉及流转税的缴纳。

增值税是覆盖范围最广的税种，大多数企业都要缴纳增值税。伴随着商品或者应税劳务的"买卖"，一般纳税人增值税销项和进项的具体税额，被具体记载在增值税发票上，财税管理系统可以直接提取出发票上的税收金额。而小规模纳税人采用简易计税方法，系统可以提取出企业的总销售额。

生产、委托加工和进口应税消费品的企业需要缴纳消费税，不同的消费品有不同的计税方法，因此要区别对待。若涉及从价计征的应税消费品，系统需要提取消费额，对从量计征的应税消费品，系统需要提取销售数量。

2. 财产买卖和使用环节的税费计提

如果发生了车辆购置，系统可以从交易中获取车辆的购置价格，未来车辆使用期间，也要按照相关规定缴纳车船税；转让土地使用权和房屋须要缴纳土地增值税，如此一来需要注意房地产开发成本、费用、房屋评估价格、转让环节缴纳的税金等信息的提取；获得土地和房屋权属需要缴纳契税，这时成交价格是重要的计税基础；房屋使用过程中需要缴纳房产税，如果是自用房产，要提取房产原值。

3. 所得税的计提

所得税计提主要关注纳税调整事项。系统可以提取利润表中最后核算出的数据，然后根据之前整理的税务备查簿，逐条调整企业的应纳税所得额，大幅度节省企业的汇算时间。

## （三）纳税申报

纳税申报是指纳税人在发生法定纳税义务后，按照税法或行政法规所规定的内容，在申报期限内，以书面形式向主管税务机关提交有关纳税事项及应缴税款的法律行为。互联网时代里的纳税申报，可以实现企业纳税报表的自动生成和纳税申报的无纸化电子化。

首先，企业内部可完成纳税申报表汇总填制。在税务账簿、税费计提这两步完成之后，根据系统预置的纳税报表的模板，自动生成增值税、所得税、城市维护建设税等的纳税报表。企业通过"一键式"申报纳税，税务机关对纳税申报表进行核查再确定应纳税额，企业由电子支付系统把应纳的税款上缴至税务机关账户。这样一来，纳税申报可以在任何地点、任何时间完成，不受时间空间限制，从而提高了效率。

其次，企业的财税管理软件，可以添加提醒功能，提醒企业在什么时间内需要缴纳何种税，防止错过申报时间，减小纳税风险。税务机关对纳税申报的真实性、及时性做网上管理，把从第三方获得的信息录入纳税申报管理系统中，当发现了不匹配的地方，要求企业进行修改和解释，从而减少了事后的评查。对税务机关来说，互联网使他们对企业的纳税情况一目了然，纳税期满，未缴纳税款的企业自动检索，直接把催缴款通知书推送至企业财税系统，企业自身再做进一步处理。

## （四）发票管理

### 1. 企业内部发票管理

企业自身的发票管理可以分为两部分：增值税发票的管理和其他发票的管理。增值税发票分为进项和销项两类进行管理，增值税发票系统可以直接与认证系统、税控系统相结合，当一般纳税人企业获得进项发票后，纸质发票可以通过扫描录入，电子发票可以直接导入，系统会自动识别发票信息，按照发票来源等方式做分类整理，系统也可以根据企业发票的认证期限在即将到期之前做提醒处理，保证企业按时认证发票。企业若想认证发票，直接把已经存在企业系统中的发票导入认证系统，即可完成，这样一来便可实现发票管理和发票认证的衔接。增值税销项发票和税控系统相结合，企业若想开具税控发票需要通过与税务机关连接的税控系统，系统可以自动储存发票里存在的纳税信息，以便企业做相应的销项税额统计和合算。发票管理系统在企业内部共享，业务部门、财务部门、税务部门依靠发票各自开展工作，收发商品的业务部门是发票获取和开出的直接参与者，财务部门需要发票做相应的会计核算，税务部门对发票做最终的管理和纳税处理三方共同维护发票信息，以发票为纽带，保证企业存货、会计信息、税务信息的统一。

### 2. 电子发票的应用

随着互联网的不断发展，企业间各种信息传递都依靠网络，承载着核税、报销、记账等重要功能的发票，无疑也需要向无纸化方向过渡。传统的发票限于其纸质的存在方式，在传递、保存方面都存在诸多限制，而电子发票因其依托的信息技术打破了这些限制也方便了其他工作。对企业而言，电子发票瞬间即成，省去打印纸质发票的麻烦，也能够确保信息的准确性；对税务机关而言，电子发票的信息依靠互联网实时上传，其可靠性大大增加，也方便管理，省去了印票、发票、核查、认证的时间。另外，税控加密防伪、电子签章、二维条码、大数据存储和利用发票赋码等关键技术已初步成熟。

一般开具的电子发票可以分为两种：销售电子发票和采购电子发票。这两种电子发票从开具到传递再到接受，大概经历以下几步：

销售电子发票，指企业作为卖方开具给买方的发票。第一步，当企业发出货物时，系统根据销售订单和发货凭证获得交易双方的信息、交易所涉及的货物、服务的数量、金额等，然后发出指令生成电子发票。第二步，进行销售电子发票的校验，校验通常包括物品、数量、金额和税务等信息。第三步，电子发票的传送，卖方在生成销售发票后，需要通过选定的发送渠道如电子邮件、传真等，传至对方系统保留。

采购电子发票，是指企业作为买方从卖方获得的发票，第一步，在企业采购货物后，通过商定的方式，从网上获得对方企业发来的电子发票。第二步，进行采购电子发票的校验，主要检查货物、数量、金额和税务等重要信息是否正确。第三步，检验无误后，企业再把获得的电子发票，导入自己企业内部的管理系统中。

### 三、辅助：税务风险管理和税收筹划

税收筹划可以为企业创造价值，税务风险管理为企业规避风险，二者相辅相成，企业可综合利用这两种手段，以纳税指标分析为基础，做好风险管理和税收筹划。企业在进行涉税活动中，面临着诸多不确定性，这种不确定性会导致经济损失或经济利益的流出，因此会产生税务风险，税务风险管理就是对这种不确定性进行管理。一般来说，企业的税务风险分为两方面，一方面是企业行为不符合税收法律制度的规定，发生未纳税、少纳税的问题，从而面临补税、罚款等风险；另一方面是企业涉税行为适用税收优惠政策或相关规定不准确，多缴纳了税款，承担了不必要的税收负担。企业纳税情况并非一成不变，税法条款制定的多样化和变化发展，使企业纳税存在弹性，有可变通和可调整之处。由此，企业可以在纳税行为发生之前，在不违反法律、法规的前提下，通过对自己的涉税事项做事先的安排，实现优化纳税、减轻税负或延期纳税等一系列目标，这便是税收筹划。

#### （一）税务风险管理

首先，把税务风险管理和企业其他的内部风险管理制度结合起来，因为企业的税务风险信息和企业的其他业务信息是分不开的，要形成全面有效的内部风险管理制度体系。其次，充分利用企业的信息管理系统，根据其提供的大量数据，先针对产生重大税务风险的事项、业务流程进行重点把控，再制定能够覆盖各个环节的全流程控制，既有重点，又做到全面，防止遗漏风险信息。最后，设置税务风险管理模块的具体功能，包括重要提示、风险预警、风险分析、风险制度、安全纳税、税收档案、系统管理七个模块。重要提示模块对重要风险事项进行着重提示。风险预警模块对税种管理、发票管理、重大变动提醒中涉及的风险点进行预警管理。风险制度模块包含了企业风险控制制度的相关文件。安全纳

税模块包括政策解读的相关内容。税收档案模块包括税务报表、财务报表等相关报税的基础数据资料。系统管理模块主要是用户的管理和文件管理以及相关网站的链接。

## （二）税收筹划

一是明确税收筹划的事前筹划的重要性。企业涉税业务进行前，需要税务筹划部门进行整体把控，防止承担不必要的税收负担。二是利用好企业其他部门提供的业务信息，对企业重点经济事项进行把控。按照企业发生的不同行为分类，可关注如企业在投资过程中方式、规模的选择，在筹资过程中权益筹资和负债筹资的选择，企业经营过程中购货方、销售方式、核算方式等的选择；按照缴纳税种的不同分类，可关注如增值税中供货方的选择、销售方式的选择，消费税中应税产品和非应税产品分类核算问题，企业所得税中折旧、摊销方式的选择等。三是为避免企业财税人员对每一方案的税额进行复杂计算，应对企业经常发生的业务建立税收筹划模型。企业财税人员只须填入所需信息，模型就可计算结果、得出报告，以此推进税收筹划在企业中的实践应用，降低企业税负水平。

# 第三节 "互联网+"企业财税管理的内外部互联

## 一、企业内部的互联

企业内部的信息不对称，极大地影响了企业的运转效率，企业内部人员在工作过程中，有很大一部分精力用在了信息的收集、传递和确认上。互联网的实时性，使税务信息便于企业各个部门共享，省去了收集、整理、传递的过程，也保证了信息的正确性。

在企业内部互联方面，根据一般企业所涉及的经济事项类型，我们把企业的财税管理分为以下几方面：企业纳税理财实务管理，企业投融资税务管理，企业收益分配税务管理，企业生产税务管理，企业营销税务管理，企业薪酬福利税务管理以及企业各环节财务管理。这些管理需要企业的财务部门、税务部门和生产部门、营销部门、人事部门等实现信息共享，下面进行具体分析。

### （一）企业纳税理财实务管理

企业纳税理财实务管理包括税务登记、纳税申报、税款缴纳、企业发票管理、税收减免申报、出口退税、税收抵免、延期纳税申报以及各个环节的理财活动。和财务部门的互联可以方便地进行纳税申报、税款缴纳，直接共享财务信息填报纳税申报表，传至税务机关审核后，通过网上支付系统缴纳税款。和生产部门、营销部门的互联，可以方便地收集发票信息，同时根据业务变化，相应进行税收减免、抵免、出口退税的申报。

### （二）企业投融资税务管理

对一个企业来讲，筹资是其生存和发展的不可缺少的经营活动，而做好税收管理，可以促进企业科学选择筹资、投资计划。筹资方式不同会影响企业的资本结构，带来不同风险，也影响最后的资本收益。从税务管理的角度分析，企业应侧重对投资项目税收待遇的比较，从资金的支付到最终收回进行总体控制，强调事前的筹划。投融资决定前，企业税务部门对方案中的筹资渠道、筹资方式或投资方向、投资地点、投资方式等做整体把控，制定出税务报告传至决策部门，这期间除了线下交流，企业内部还可以利用互联网线上进行部门间交流，及时商定出最合理的方案。在方案实施后，企业税务部门在以后的投融资期限内，要对企业的涉税事项进行处理，这时便需要财务部门和税务部门的信息互联，通过税务部门获取每月资金信息，才能把控税务风险，进行税费处理。

### （三）企业生产税务管理

企业的生产主要是指采购原料、生产设备，并把原料价值、人工工资、相关费用转移到产品中的过程。在原料、设备的采购过程中，选择购货对象、购货方式、确定结算方式、采购时间，对应纳税额的核定有重要的影响，而在具体生产过程中，存货的计价方式选择、固定资产的折旧方式和其他费用的分摊方式也会影响损益的大小，进而影响企业的税费支出。企业税务部门和生产部门互联，共同制订最优方案，及时核算生产中的应纳税额，让企业获得更大的利润。

### （四）企业营销税务管理

在企业销售产品的过程中，企业销售行为对税费的影响主要有三方面：第一，销售实现方式的选择，如现销还是赊销、自销还是委托代销；第二，促销方式，涉及打折、购买产品送实物、购买产品送代金券等；第三，特殊销售行为，如混合销售、视同销售等。不同的销售方式对消费者来说可能影响差别不大，但是对企业的税收负担却有很大差别。企业的营销部门在进行销售前，把营销方案共享至企业信息系统，若无法抉择相似的两个方案，可以让企业税务部门站在税收角度进行筛选。在销售结束后，税务部门还可以根据获得的实时信息，给营销部门提出更好的建议。

### （五）企业薪酬福利税务管理

薪酬福利的税务管理主要是站在个人所得税的角度来探讨。企业一方面会代税务机关扣缴本企业员工的工资薪金、劳务人员的劳务报酬应缴个人所得税，另一方面企业也要考虑如何发放报酬，让员工获得更多利益。人事部门每月更新员工的具体工作信息，由企业税务部门处理相关个人所得税涉税事项，对人事部门报酬发放当月计划，税务部门可以给予适当的建议。

### （六）企业收益分配税务管理

这一项税务管理主要是所得税管理和股利分配管理。企业所得税是影响企业净利润的重要因素，企业一方面要合理地进行税收筹划，另一方面又要避免税收风险。企业税务部门应根据生产部门和营销部门共享的信息，处理好不征税收入与免税收入，对扣除项目做重点筹划，尽量利用税收优惠，充分利用亏损弥补。在股利分配方面，与决策部门配合，要尽量采取合理的支付方式，减少股东缴纳的个人所得税，为股东增加财富。

## 二、企业外部的互联

### （一）企业与政府

近些年我国税务机关的信息化建设取得了很大的进展，税务机关日常的业务操作都在计算机平台上进行，建立了"电子税务局"，所有的涉税业务均可通过其进行办理。政府和企业之间的互联将进一步减少不必要的沟通成本，提高政府管理的效率和企业纳税的准确性，减少了沟通障碍，方便了双方的工作。

1. 日常管理

（1）税务登记

企业办理开业税务登记、变更税务登记、停业和复业税务登记、注销税务登记，如果程序简单且不需要领取、上缴必要的证件、凭证时，可以在网上办理，若必须进入实体税务大厅进行办理，也可以采用网上预约等形式，减少企业排队等候的时间。

（2）账簿、凭证管理

企业的账簿、凭证都存储在计算机上，若税务机关在检查时需要，则可以在互联网上直接传输。

（3）发票管理

普及电子发票的优势前已述及。然而，当利用税控系统开具增值税发票时，税务机关可以通过税控系统直接采集发票信息，除了自主开具发票，企业也可以在网上申请代开发票，税务机关开具后，直接传输至对方企业。

2. 纳税申报和税款缴纳

企业进行网上纳税申报后，税务机关受理并审核后，就存在的问题与企业在线上进行及时、准确的交流，可以达到当面交流的及时性、准确性，减少不必要的奔波。待确认纳税申报无误后，企业通过线上平台支付税费，税款直接到达税务机关账户。这种及时、准确的面对面交流减少了双方的沟通成本。

### 3. 纳税检查

互联网时代的税务检查，可以充分利用互联网打破物理隔离的限制，一旦税务机关有需要，企业储存在计算机上的信息可以通过互联网共享至税务机关，这些信息不仅包括财税信息，也包括企业的业务信息。另外还可以建立税务网络约谈室，实现即时对话，方便双方互动交流。税务机关人员在进行下户检查时，配备记录仪，具有录音、录像、照相等功能，可以在税务机关内部实时上传共享，一切皆在共享信息和阳光沟通的氛围下进行税务检查，确保征纳双方权利与义务的履行。

## （二）企业与企业

这里主要指供应链间的企业税务管理，即企业与上游的供应企业、下游的客户企业业务往来时涉税信息的管理。近几十年企业"纵向一体化"的管理模式逐渐向"横向一体化"发展，从原材料采购到最终把产品送到客户手中，企业和企业之间形成了一个完整的链条。随着互联网的普及，为了实现供应链的系统优化和各个环节之间高效率的信息交换，供应链间的企业也应该用信息技术武装起来，实现企业间的互联。企业与企业间的财税互联就是建立在企业业务信息互联的基础上的，企业从洽谈合作，到签订协议，再到产品和资金的交换，都可以在网上完成。在协议签订前，企业的税务部门可以站在税务的角度提出改进方案，做事前的税务筹划和控制在进行产品买卖时，企业的采购信息或者销售信息直接由上游的供应企业传输至下游的客户企业，包括原始凭证、电子发票等，做到业务流、资金流和票据流共同传递。

## （三）企业与中介机构

### 1. 税务代理

税务代理是企业委托中介机构税务师事务所、会计师事务所代为办理企业涉税事项。一般中小企业不设专门的税务部门，为了减小税务风险，做到及时准确纳税，中小企业可加强与中介机构的联系，寻求更加便捷准确的税务代理服务。首先企业可以通过互联网平台查找到满意的中介机构，双方可以在网上洽谈合作，并在网上完成签约。其次，在中介机构代办涉税事项的过程中，中介机构可以通过联网方式获得企业涉税信息，企业账务直接传输，提高代办效率，中介机构也能通过各式各样的电子办税服务和税务机关交涉。

### 2. 税务咨询

随着税制的发展，税法日益完善和复杂，企业的税务风险也越来越高，毫无疑问，税务咨询服务日显重要，需求量日益突出。"互联网＋"背景下的税务咨询也更加便捷高效，互联网把税务咨询服务和企业连接起来，企业可以方便地在网上找到咨询机构、专家，实时通信工具的发展可以让咨询专家和企业人员进行文字、语音、视频交流，方便互动。这样使企业在任何时间、任何地点都能获得税务咨询服务，可以保证企业各项的涉税疑难都能得到解答。

# 第四节 "互联网+"企业财税共享模式

## 一、财务共享模式

### （一）财务共享模式的概念

财务共享是将公司（或集团）范围内共用的职能/功能集中起来，高质量、低成本地向各个业务单元（部门）提供标准化的服务。

### （二）财务共享模式的典型特征

1. 信息技术为基础

信息技术的广泛应用已成为现代财务共享服务的基础，财务共享中心信息技术应用多为 ERP（企业资源计划系统）财务模块，但呈现"ERP 财务模块—ERP 非财务模块—ERP 外围辅助业务系统"的转移趋势。同时工作流、票据影像、OCR 识别、大数据等信息技术工具得到广泛应用。

2. 业务流程为核心

财务共享中心的组织形式更多地考虑了流程的因素，基于流程加强专业化分工能力，改进生产效率。

3. 多样化的实施动机

内部服务型财务共享服务中心的建立可能成为优化整个财务组织架构的契机，并在此基础上达到规范流程、提升流程效率、降低运营成本的目的，此外企业借助财务共享模式加强内部控制的行为也较为常见。服务经营型财务共享中心以业务流程外包服务为主导、以获取利润为主要目的。行业呈现多样化实施动机。

### 4. 市场化的视角

无论内部服务或者服务经营型财务共享中心，均应保持市场化的视角，即财务共享中心应重视客户，为客户提供满意服务，并体现其他运营目标。

### 5. 生产式服务

视财务共享模式为生产运营，关注生产效率、生产质量，建立完善的现场绩效评估体系及生产质量控制体系。

### 6. 分布式服务

视财务共享服务中心为服务端，商业单元为客户端、提供基于客户/服务模式的分布式业务支持。

### 7. 财务共享服务

财务共享服务是一种管理模式，是包括信息技术、组织管理、服务管理、质量管理、绩效管理等多种管理手段的综合体，不可狭义地理解为其中一种。

## （三）财务共享的社会化影响

财务共享中心的建立提升了企业集团财务管理能力，而新兴的财务组织——业务财务也随之出现。业务财务，顾名思义，体现了财务和业务单位的有机结合。业务财务在不同企业中归属有所不同。一些企业将其归属于业务单位进行管理，绩效考核由其所负责的业务单位进行，这在一定程度上加强了财务对业务的支持力度，但同时带来的问题是财务体系对此类人员的失控，无法形成与业务财务人员的良性互动。还有一些企业将其办公场所和业务单位放在一起，但人员仍归属于财务部门管理，绩效管理和薪资发放也归属财务部门管理。基于这种模式的财务业务组织能够达到业务单位和财务单位之间的平衡，既保证了财务对业务的支持，也强化了人员的管理。

## （四）财务共享的动因

### 1. 支持企业集团的发展战略

随着经济全球化的推进，越来越多的企业集团实施了全球化扩张战略，并迅速在世界各地建立了分（子）公司。同时，伴随着企业集团的不断扩张，在全球建立分（子）公司的同时，也建立了相应的财务组织，使企业集团财务管理形成了一种分散式的财务核算及管理模式。分散式财务管理模式不仅使财务管理效率低下，而且使成本大幅增加，制约了企业集团发展战略的实施。而财务共享模式将分散在不同分（子）公司的共同业务提取出来，放在财务共享中心完成，使很多人在不同的分（子）公司完成的工作（登记总账等），只须由一个共享号码完成，从而提高了财务核算的效率。

2. 强化财务管控

随着企业集团规模的扩大，分散在全球不同国家的分（子）公司财务组织是相对独立的。由于不同分（子）公司财务核算和财务处理的不一致性，各分（子）公司的财务状况和经营成果须通过报表层层汇总到集团总部，使集团管理者很难监控基层业务单位及分（子）公司的财务状况和经营成果，从而导致整个集团运作效率低下，资源配置协同难度较高。在财务共享模式下，税务共享中心通过制定统一的财务核算标准和核算流程，实时生成各分（子）公司的财务信息，并通过网络为各分（子）公司和集团总部的管理者监控提供支持。

## 二、税务共享模式

### （一）税务共享模式的概念

随着企业的税务数据越来越庞大，企业面临税务职能数字化管理和税务信息共享式需求。企业税务共享模式就是这样一种税务信息集成式管理模式。企业税务共享模式（简称ETSM）能够实现每一企业把所有税务信息都汇集建立数据库，应用大数据技术，进行系统化、智能化的税务数据分析、统计查询、流程管理、风险预警、智能自查等多角度的税务信息化应用，帮助企业实现涉税风险的控制、税务自查常态化等多方面的税务管理，大大提升了企业税务管理的质量和效率，同时将税务知识转化为解决方案的应用与企业的涉税业务实现有机的结合。

企业税务共享中心是目前企业认为最可行的一种税务共享组织形式，不少大型企业已经开始尝试，税务共享中心是从财务共享中心的理念逐步引入税务管理领域所形成的一种实践做法。但从实践分析，税务共享中心与财务共享中心有着根本性区别，即财务共享中心的建设是为了解决财务管理资源的重复投入和效率低下问题，核心目标是提升财务管理效率和品质，而税务共享中心的目标是通过税务管理获取税务问题的解决方案。

### （二）税务共享模式的特征

税务共享模式是税务管理应用模式的拓展与创新，具有强烈的实用性和包容性。对大型企业而言，采取自下而上分户实施的办法，税务数据按纳税户实施，实现税务管理工具化、内容个性化。

税务共享技术开发具有短路径、模块化、松耦合、微服务等特性，能够满足不同纳税户的多种个性化需求。税务共享模式具有短链条、多模块的应用特点，为每项业务提供一个应用，因而能够应对和包容政策变化、经济业务变动、税收征管的调整对税务管理信息化带来的巨大挑战。同时，税务共享模式也能够应用互联网的技术让分户管理的数据集中应用，以满足集团对税务管理的控制和指导。对不具备信息化资源的中小企业，完全不用考虑配备信息化资源，应用税务共享系统就可以快速实现数字化管税。

## （三）税务共享模式的价值核心

### 1. 独立性强

税务共享模式为每个纳税单位建立一个独立的税务数据仓库，不同的税务应用从数据仓库中调取不同的数据，保持数据应用的安全性和独立性。

### 2. 应用个性化

税务共享模式采用的是分户应用，更贴合个性化的需求，标准化与个性化相结合，实现全面吻合和衔接，解决了数字化税务管理中标准化与个性化存在的差异协调。税务共享系统预留与集团管控平台的接口，能够解决集团管理的需求。

### 3. 零投入

税务共享模式采取直接安装部署，企业不用进行单独的门户系统开发投入，大大地降低了实施成本，能够有效控制企业在数字化管控中的投入风险。企业通过自底向上的分户应用过程，逐步提升和检验，最终实现共享平台的搭建。

### 4. 应用模块化

税务共享模式可以灵活地根据企业的经营业务来部署不同的应用模块。例如：增值税进销项业务多的企业可以直接部署发票管理系统；需要实时进行分析预警的企业可以直接部署预警分析系统；需要按期进行自查的企业直接部署自查管理系统；对工资个人所得税的最优测算就可以部署个人所得税的测算管理系统。税务共享应用系统中可配置的多模块选择能够大大提高对不同企业个性化需求的适应性。

### 5. 可定制化

税务共享应用系统充分考虑企业对自定义配置的需求，对不同类型的应用提供了灵活的配置功能，通过用户对应用的功能和参数的自定义调整，能够快速实现对企业个性化需求的适应和匹配。

### 6. 纳税档案数字化

税务共享应用系统中包含着备案管理系统、台账管理系统、案例管理系统以及综合管理系统，能够把分散在不同税务处理的事项直接完成数字化档案的归集应用。

**7. 人机互动**

税务共享应用系统嵌入了咨询服务业务，对涉及的税务事项，企业可以直接与聘请的专业服务人员通过网络实现一对一的沟通，大大提升服务的效率。

## 第五节 "互联网+"企业财税管理的政策建议

### 一、"互联网+"企业财税管理的实施原则

为了实现"互联网+"企业财税管理的进一步发展，我们认为完善财税政策与税收征管应坚持以下原则：以促进企业发展为目的，兼顾税收中性与公平，现阶段以"加大扶持为主，规范征管为辅"为指导，加大财税相关扶持政策的制定与落实，保护、支持企业继续为创造就业、社会稳定和推动经济转型升级做出贡献；在此基础上，以"普遍管理而不普遍征税"为原则逐步规范企业的税收管理，先堵"漏管"、再堵"漏征"，逐步增强企业经营者的纳税遵从意识，在帮助规模以上企业防范税收风险的同时，一定程度上减少税收流失。

#### （一）树立"企业为主，政府引导"的变革理念

企业的财税管理变革要以企业为主体，强调企业自发的改变和创新，但是在企业变革的过程中政府要发挥引导作用，为企业变革提供软硬件支持。只有整个大环境朝着有利于变革的方向发展，才会有越来越多的企业自愿参与到"互联网+财税"管理变革之中。首先，企业的财税管理改革不是外部强加的，而是来自企业内部的需要，强调其自主性。只有企业意识到"互联网+财税"管理的关键作用，确信其发展能够给自身带来进步，企业才有更多的热情和信心投入财税变革中来，这也是企业是否具有实践适应性转型能力、能否快速获取变革成效的衡量标准之一。其次，在这一变革过程中政府的作用必不可少。政府引领全社会的改革方向，政府的引导可以转变企业的发展方向，政府更加关注"互联网+"势必会带领更多企业搭上互联网的快车。政府要为企业的变革提供技术支持和安全保障，互联网技术基础设施的建设和企业财税管理硬件、软件的开发要跟上企业需求，从市场需求的信号转变为市场供给的能力。市场运作具有滞后性，这就需要政府高瞻远瞩、大力促进，由此提高整个企业财税管理变革的速度。

## （二）互联网技术是手段，改进税务管理是目标

目前，我国许多企业在推进"互联网＋财税"管理的过程中，单纯强调对计算机、互联网技术的简单应用较多，认为只要把企业的一切财税信息落实在互联网上，就完成了"互联网＋财税"管理的改革任务，根本认识不到其改革将推翻和取代旧有管理方式，是对财税管理模式的根本性变革。很多人并没有意识到，"互联网＋财税"管理不只是在企业财税管理领域简单地用计算机取代了人工，也不只是其他部门信息共享至财税部门，而是利用互联网为便捷通道，对企业实行全面而便捷的财税监管。

互联网技术是辅助财税管理的手段，而根本的目的是跟随时代的发展，改进财税管理。之所以强调变革企业财税管理模式，是为了实现财税管理流程的再造和企业部门的组织优化。要实现财税管理流程的再造，就需要借用互联网技术，打造统一的财税管理标准和及时、快速、准确的财税管理平台，改变财税信息采集不便捷、财税信息传递滞后、财税信息处理不规范的弊端，减少信息不对称的风险和降低企业财税管理成本。要实现企业部门的组织优化，就要改变企业传统的组织结构，改垂直化管理为扁平化管理，改有界管理为无界管理，实现业务流、财税流的同步更新和共享，打破组织部门之间的界限，让所有财税事项都纳入财税部门的监控之下，提高财税管理的运行效率与实施效果。

## （三）依据自身特点，大小企业差别发展

一方面，大企业更需要进行"互联网＋财税"管理的变革。大企业通常经营范围广，经营环节、涉税流程多，有的企业还具有跨地区、跨国经营的特点，因此涉税问题更为复杂，由此所带来的财税风险很高。大企业的组织机构一般比较庞大，横向的部门和纵向的级次比较多，如此一来财税信息传递滞后，也常存在许多被忽视的财税问题。另一方面，大企业更具有进行变革的基础和能力。目前，全面的"互联网＋"企业财税管理的变革还在初始阶段，在这一过程中面临的复杂难题尤其需要大企业去探索、改进和再推广。财税流程从线下搬到线上是一项艰巨的任务，大企业需要提供足够的制度支持、技术支持、和财力支持。因此，大企业应在"互联网＋"企业财税管理的变革中担任领头羊的角色。

对中小企业来说，其财税事项相对较少，其财税处理也比较简单，财税问题一目了然，不需要复杂的监控和精巧的设计，而且中小企业的机构设置简单，不设税务部门甚至财务部门，因此中小企业变革需求较小。很多中小企业发展根基不够雄厚，有些企业尚徘徊在生存线的边缘，如何发展业务而不是如何变革财税管理可能是它们现阶段更需要考虑的问题。中小企业可以逐步尝试，先从企业财税管理信息化做起，逐步实现企业内部业务部门和财税部门的互联；从网上纳税申报、涉税事项办理开始，逐步实现和政府税务机关的全互联；另外利用中介机构代理建账、办理涉税业务的企业，可以积极发展和中介机构

的网上互联。

总之，大企业不仅要率先发展，更要全面尝试，而小企业可以从局部做起，在大企业的成功示范下借鉴发展，由此推动"互联网+"企业财税管理变革在社会企业间的全覆盖。

## 二、逐步规范"互联网+"企业财税管理行为

在以培育和扶持企业的发展和壮大为先、强化财税管理为后的指导思想之下，企业财税管理的规范是一个循序渐进的过程，在现阶段，应充分体现"普遍管理但不普遍征税"的理念。首先，规范新课税对象的税种政策适用、企业经营者的税务登记等基础管理问题，将电子商务普遍纳入财税管理的范畴，为日后强化税收征管奠定信息基础。同时，帮助部分规模扩张较快的经营主体防范财税风险，解决发展瓶颈问题。其次，大力推进电子发票的推广应用进程，拓宽财税监控渠道。最后，政府逐步规范 B2B、B2C、C2C 三类市场的财税管理制度。

### （一）明确适用税种政策

对电子商务模式下新出现的课税对象，应及时明确其适用的流转税政策，如：①电子商务平台管理服务，即电子商务平台企业向平台内企业提供的管理服务，内容包括：人力资源管理、财务管理、税务代理、核算代理、金融支付服务、内部数据分析等服务；②游戏点卡和虚拟装备销售，游戏点卡和虚拟装备销售实质上为游戏玩家提供娱乐活动服务并收取费用的一种形式；③平台商提供网上商业信息，即为客户提供网络展示平台，供其他企业在网上展示产品，并按期收取服务费；④信息资料提供，即国内外的专业研究机构对金融、证券等各行业的经济数据或其他商业价值的分析结果进行出售，供客户下载使用；⑤音乐、软件、书籍、报刊、图表等数字化产品有偿下载等。

### （二）规范税务登记

从事电子商务的经营主体进行税务登记，是将电子商务纳入财政税收体系进行规范化管理的第一步。随着电子商务法的推进，电商经营主体须进行工商登记和税务登记，履行纳税义务，这对税务机关征收管理提出了新挑战。因此，税务机关应从以下三方面规范税务登记管理：

1. 加大电子商务领域的税务登记宣传

建议通过网站、电子商务运营商平台等多渠道进行税务登记的宣传，宣传的内容除了税务登记的法定义务、流程、具体内容及所需资料之外，还应对个体工商户纳税起征点及优惠政策、小微企业的相关税收优惠政策、领购地税发票免缴手续费等进行综合宣传，让更多的电商经营主体真正体会到办理税务登记，纳入税收管理体系，不仅是履行纳税义

务，更多的是享受税务机关提供的各种便利服务，逐步提高规范税收行为的意识，主动接受税务机关的管理，防范税收风险。

2. 提供便捷的税务登记渠道

随着电子税务局建设的日趋成熟，可以大力推广网上申办税务登记，全面覆盖营业执照、组织机构代码证、"三证合一"登记制度。对提供资质认证及评估、注册登记等服务的平台企业受托集中办理税务登记的资格法定化，并负有连带责任。将税务登记中的资料审核与信息采集的时点前移到经营主体的电子商务资格认证环节，相关责任前移到平台服务商，提高经营主体的注册效率。

3. 加强信息采集和身份认证

针对电子商务地域空间跨度大、注册地址虚拟化等特点，为了保证税收管理的实效，对不受经营场所和注册资本影响的经营信息，应加强采集和身份认证。如，网店名称、网域、网关、计算机超级密码的钥匙备份等网络相关资料；经营商平台及第三方支付平台，电子商务交易银行账户，经营主体的实名身份认证、联系方式、线下及实际经营地址等明细信息。C2C 经营主体可以委托平台服务和运营企业进行相关的信息采集和身份认证，信息的准确性可作为信用等级评定的参考依据。此外，税务机关应借助新商事制度改革的时机，大力推进商事与税务管理部门的信息共享与对接机制的建立，实现管理信息的互通共享，并及时更新和完善。

## 三、推进"互联网＋"企业财税管理的方略

### （一）"互联网＋"企业财税管理战略的科学定位

"互联网＋"对企业的财税管理有着深刻的影响，不仅要科学进行财税管理还要加强各企业间各个部门间的沟通往来，使财税管理工作成为企业发展中不可或缺的重要环节和工作中的纽带桥梁。在这样的背景下，管理创新对企业财税管理来说是非常重要的。这使得企业财税管理在面对互联网时代有了与过去不同的做法，"互联网＋"企业财税管理只有积极利用网络技术、信息技术，才能继续突破管理的内容和形式，实现战略定位。

此外，在互联网时代，企业财税管理采用先进的软件实现多种管理功能，如财务决策分析和集中财务内部控制，这是企业适应互联网时代发展的唯一途径，只有这样才可以使企业在最短的时间内提高企业的核心竞争力。

### （二）全力构建大数据的处理平台

企业在财税管理方面，为适应"互联网＋财税"管理的新要求必须做好以下工作：首

先要充分认识"互联网＋财税"管理的商业模式、思维模式的颠覆性变革，要依靠大数据技术构建信息平台，充分发挥互联网在数据汇总和集成管控等方面的特点和优势，在财税岗位设置和职能安排上做出科学规划和调整，使企业财税管理的职能得到充分发挥。

### （三）财税管理工作的非结构化处理

一方面，在互联网时代的网络技术发展中，企业可以综合运用各种现代化信息技术，以整合企业的财税管理，加强对下属机构的财税监控，从而实现较低成本和高效率的运营效果。另一方面，财税管理工作非结构化处理让企业的财税数据得到确认后会存入相应的服务器并且主动送达财税信息系统以便随时进行分析、检测，能够实现财税管理的集中化，提高闲置资金的使用效率，使财务控制权最终集中到企业高管人员手中，从而实现财税决策的高度集中化和高效化。

### （四）建立健全财务预算管理系统

在互联网时代，企业必须建立健全财务预算管理系统。企业要考虑预算管理工作由谁来管理组织、谁来实施操作、谁来进行信息的搜集与反馈，最后谁来进行考核。只有这样才能把预算管理工作落到实处。建立健全预算管理体系的核心是同时实现业务预算和财务预算的实质性管理特点，把以往的预算管理重心分离开来，建立预算归口管理模式，由不同管理部门分别管理，不断推进业务预算和财务预算的有机结合，规范预算流程，强化预算过程管理，优化预算考核指标。

### （五）优化企业财税管理工作流程

在互联网时代，企业为了适应新型财税管理的需要和优化财税管理工作流程，往往会对其业务流程进行重组。重组的第一要务就是要打破企业原先部门内部界限，重组企业财税管理的业务流程并且开始建立流程型群体，实现财税、业务、决策的统一化，实现企业内部的物流、现金流和信息流汇集成良性循环的方式。通过"互联网＋"企业财税管理的业务流程再造，进而推广到企业整体的供应链中，有效地减少供应链中不必要的流程与环节，最终实现企业财税管理与整个供应链的整合，全面提高企业在市场中的核心竞争力。

# 参考文献

[1] 唐珏岚. 健康的财政与金融体系 [M]. 上海：上海人民出版社，2020.

[2] 游宇. 中国的地方财政体制与治理 [M]. 北京：中央编译出版社，2020.

[3] 严宇. 国家财政性教育经费投入研究 [M]. 北京：中国金融出版社，2020.

[4] 王如燕. 政府审计全覆盖与财政专项资金审计问题研究 [M]. 上海：格致出版社，2020.

[5] 何冬妮. 公共服务财政支出与中等收入群体发展 [M]. 上海：上海社会科学院出版社，2020.

[6] 钱淑萍. 税收学教程 [M]. 上海：上海财经大学出版社，2020.

[7] 李亮，高慧. 境外税收指南 [M]. 上海：上海交通大学出版社，2020.

[8] 李金霞. 企业会计准则与税收实务一本通 [M]. 上海：立信会计出版社，2020.

[9] 夏仕平. 税收规划及其法律规制研究 [M]. 北京：中国言实出版社，2020.

[10] 蔡伟莉. 企业并购税收重点、难点及案例分析 [M]. 上海：立信会计出版社，2020.

[11] 韩小红，施阳. 财政与金融 [M]. 北京：北京理工大学出版社，2019.

[12] 陈昌龙. 财政与税收 [M]. 北京：北京交通大学出版社，2019.

[13] 崔奇，李康. 财政与金融 [M]. 上海：上海财经大学出版社，2019.

[14] 邱婷. 财政与金融学概论 [M]. 南昌：江西高校出版社，2019.

[15] 陈昌龙. 财政与税收 [M]. 北京：北京交通大学出版社，2019.

[16] 王佩，李翠红. 税收理论与实务 [M]. 北京：知识产权出版社，2019.

[17] 赵旭东. 中国税收法律制度 [M]. 北京：中国民主法制出版社，2019.

[18] 蒙丽珍，安仲文. 国家税收第 7 版 [M]. 沈阳：东北财经大学出版社，2019.

[19] 吕冰洋. 轻与重中国税收负担全景透视 [M]. 北京：中国金融出版社，2019.

[20] 李晖. 税收经济分析方法与实证研究 [M]. 北京：冶金工业出版社，2019.

[21] 相悦丽，赵红梅. 财政与金融 [M]. 北京：冶金工业出版社，2018.

[22] 汪笛晚，付新法. 财政学 [M]. 延吉：延边大学出版社，2018.

[23] 蔡秀云，李红霞. 财政与税收 [M]. 北京：首都经济贸易大学出版社，2018.

[24] 赖溟溟. 财政与金融 [M]. 沈阳：东北财经大学出版社，2018.

[25] 刘春胜，高然. 财政风险与防范 [M]. 延吉：延边大学出版社，2018.

[26] 蔡秀云，李红霞. 财政与税收 [M]. 北京：首都经济贸易大学出版社，2018.

[27] 胡怡建. 税收学 [M]. 上海：上海财经大学出版社，2018.

[28] 陈莎，唐琳. 税收筹划 [M]. 上海：立信会计出版社，2018.

[29] 朱沙. 税收筹划实务与案例 [M]. 重庆：重庆大学出版社，2018.

[30] 何廉，李锐. 财政学 [M]. 北京：商务印书馆，2017.

[31] 孙文基. 财政学教程第3版 [M]. 苏州：苏州大学出版社，2017.

[32] 陈启修. 财政学总论 [M]. 北京：商务印书馆，2017.

[33] 李品芳. 公共财政与税收教程 [M]. 上海：上海财经大学出版社，2017.

[34] 徐秀杰. 税收实务 [M]. 北京：首都师范大学出版社，2017.

[35] 张小青. 税收协定的正义性 [M]. 哈尔滨：东北林业大学出版社，2017.